魔法家庭

陪伴孩子的成長祕訣

蘇倫慧 著

作者簡介

蘇倫慧

學歷：美國北德州立大學諮商教育碩士

　　　國立彰化師範大學輔導與諮商學系博士班研究生

現職：環球科技大學通識教育中心　專任講師

　　　華人伴侶與家族治療協會　理事

經歷：環球科技大學學生諮商中心　諮商督導

　　　環球技術學院生涯導航中心　諮商心理師

　　　國立交通大學諮商中心　系所諮商老師

　　　懷仁全人發展中心　諮商心理師

　　　華明心理輔導中心　輔導員

證照：諮商心理師

　　　諮商督導

　　　心理劇高級導演（Westwood Institute, USA）

　　　薩提爾婚姻與家族治療師（台灣薩提爾中心）

專長：婚姻與家族諮商、心理劇、親職教育、自我探索與

　　　成長

魔法家庭
陪伴孩子的成長祕訣

著作：AQ DIY 2000（2000，與賴志超合著）。紅色文化出版社。

兒童諮商（2008，與王亦玲等合譯；*Counseling Children*, 7th ed.）。禾楓書局。

魔法家庭——陪伴孩子的成長祕訣（2008）。馬來西亞董總出版社。

生命意義與快樂人生（2010，與林原賢共同編著）。華立出版社。

吳序

親子關係大概是我已經走過的關係！？……
我覺得做父母的那段日子特別有味道！
每每看到那些發黃的照片，
心中充滿溫馨、有趣和辛酸……
這些滋味說出來時，
我會看到不少父母的眼睛一亮與我對視共鳴的一笑，
是一份實在的共振！
倫慧就是其中的一個母親，
她把擔任親職的人可能遇到的棘手情境一一陳述，
分享看法、想法、感受和如何應對，
好讓父母親既稱職又享受！

爸爸媽媽們：你知道嗎？
我們此刻正擁有機會實踐人生最有意義的任務，
也是最艱難的職務——父母；
請參考這本書《魔法家庭：陪伴孩子的成長祕訣》，
馬上受益！

吳就君
2007 年元月

作者序

在教養孩子的過程中，總會有很多三姑六婆熱心的告訴我們如何養小孩，最常遇到的是家人——婆婆、媽媽、小姑及姊妹們……等的意見，偏偏她們的意見常常是南轅北轍！這樣實在容易造成很多初為人父母的兩難。

我很感恩在 1994 年能有機會，在英國劍橋陪伴先生讀博士時，自由的依照自己的想法教養第一個孩子。我將所學的知識與理論——心理學、諮商輔導理論、遊戲治療，以及與個案會談的實務經驗所領悟到的，還有自己心靈探索的成長經驗與體會，實踐在養育自己的小孩身上。

這本書共分為六個主題，「期許篇」是透過父母自我成長探索後，期許自己做理想中優質又稱職的父母；「認知篇」是結合動物的特性來了解孩子天生氣質的差異，增加對孩子的包容與欣賞；「暴風雨篇」是從日常生活親子衝突事件中，找出解決之道；「分離篇」是探討分離的經驗對人際關係之影響，以及如何培養孩子獨立自主；「愛與管教篇」是在親職教育中，融合遊戲治療的精神與技術，並促進良好生活習慣的養成；「親情篇」是提供親子互動的活動，以達到親子同樂的目的。

　　在文中的範例之後，我提供了許多的小祕訣來面對並解決親子的困境。我很衷心的將愛與管教的體會與實踐分享給天下的父母。透過運用書中所提的魔法祕訣創造出豐富、愉快的家庭生活。

　　完成《魔法家庭：陪伴孩子的成長祕訣》這本書要感謝的人很多，無法一一列出，在此一併感謝。我特別要感謝的是——無條件接納、引領我的恩師們——鄭雲、林美智、Satten Dorothy，陪我一起哭笑、一起學習成長的良友——桂安、桂芳、麗娟（及心理劇導演訓練台中小組的伙伴們），與我分享生命故事的勇敢個案們、教我創意和與大自然接觸的母親、支持與激勵我的先生志超，以及我的兩個天使般的孩子——韻宇與廷茂，人生路上有你們真好！

CONTENTS

目錄

貳、認知篇　了解孩子的天生氣質

陸、親情篇　與子同樂

壹、期許篇
做個優質又稱職的父母

做個有證照的父母
——不斷的學習與成長

開車需要駕照，成為律師、醫師、社工師、諮商心理師、臨床心理師……等等，都需要考過證照才能執業，然而為人父母這麼重要的一份工作，怎麼能沒有證照呢？

開車前，要先學習了解車子的基本功能，才上路開動車子，多次練習後，才能真正上路；因此學習開車，一般人是不會一跳上車，就把車子開走了！相同的，也沒有人天生就懂得如何扮演父母的角色，在沒有人刻意教導如何做父母之時，我們只好學習自己的父母、左右鄰居或電視裡的人物，看他們怎麼管教孩子，輪到我們自己當父母時，就如法炮製。

由於時代背景不同、價值觀的改變，以前教訓孩子很管用的方法，現在可能行不通。父母這個角色是需要不斷的學習與成長，隨著時代的轉變及孩子發展階段的改變，父母的親職教育與技巧也需要調整。例如：當小孩調皮犯錯時，傳統的方式是痛打一頓，就阻止了此行為；現代的觀念卻知道，那只是暫

時的有效制止此行為，卻會留下心理上長期的創傷與怨恨，因此合理的限制才是明智的管理方式。

了解孩子不同階段的生理發展與變化，熟知孩子成長階段的心理發展與情緒的變化，在孩子的成長中，更加可以掌握如何培養孩子好的人格。例如：要哄三歲前的小朋友吃飯，只要配合一點遊戲，如：火車過山洞，將小孩的嘴巴當山洞，湯匙中的菜當火車，告訴孩子，火車要開進山洞：「ㄅㄨ～ㄅㄨ～火車要進山洞了！」孩子就會張開嘴巴吃下東西。稍微大一點的小孩或小學一二年級的小朋友，要鼓勵他吃青菜時，就要提供知識性的訊息，例如：紅蘿蔔會使眼睛發亮，可以看得遠遠的，不會近視；吃菠菜，女生皮膚紅嫩，很漂亮，男生就像大力水手一樣有力氣。

做個不同的父母
——成為自己理想中的父母

回顧童年成長過程，難免會因父母不當的處理方式，使得小小的心靈有受傷的感覺，因此，現在邀請您以成人的眼光，來思考如何成為自己理想中的父母。

終止重複自己父母不好的行為或情緒

曾經有一個高高瘦瘦、內向木訥的男士帶著一分羞愧不安

的情緒、沉重的步伐，走進我的晤談室，侷促不安的找個位子坐下來，懊惱的談起昨晚生氣時，皮帶一拉痛打小兒子的經過；並在晤談的後半段，回溯童年時父親也是這樣痛打他。

　　為什麼他會重複他父母的行為？受暴者後來成為施暴者？

　　在學習過程中，孩子就像一卷空白的錄音帶或錄影帶，從幼兒時，就將父母的言語錄音下來，將父母的神情與動作錄影下來。長大後，在管教孩子時，也就不知不覺的播放出來，講給我們的下一代聽，或重演父母的神情與行為。如果留意一下我們的神情與動作，會發現我們十足的像極了我們的父母。這位男士在高壓下，一時情緒爆發，行為失控，父親打他的行為就自動出現。有時我們也常重複說著父母曾說過的重話，重複去使用那些曾經傷了我們自尊心的話來傷害我們的小孩。

　　例如：

　　「生你這個孩子有什麼用！」

　　「斬斬剁剁給豬吃！」

　　「你比餿水還不如！」

　　「你為什麼不能學學隔壁ＸＸ呢？」

　　「你不是我生的，你是我從垃圾堆裡撿回來的！」

　　「沒看過比你還笨的人！」

　　當我們漸漸長大，會發現我們不斷的在重複自己父母的行為和情緒，即使是父母某個曾令我們生氣的不好行為，甚至是我們憎恨的；但是，在不知不覺中，我們竟然複製這個曾令我們小小心靈受傷的言語或行為。因此我們要教育自己「做個不

同的父母」。

在我們每個人的心目中都有一個理想的父母形象，努力的朝著我們希望成為的人去實現自己！

最常聽到小孩抱怨父母：「你說話不算話！你又黃牛了！」「每次你答應了，後來都不去！」嘗試去做一個說話算話、不黃牛的父母，答應了小孩的要求，或者當給予一個假期的允諾，就排除應酬、克服困難，做個言而有信的父母。成為一個理性可以商量的父母、不隨便發脾氣的父母、會分辨是非，而不是不分青紅皂白就怪罪孩子的父母。

父母在孩子面前所表現的態度、言語與行為非常重要。專家都說，不要常罵小孩子：「你是豬啊？」「笨死了！」「你去死啦！」這類負面的語言；到最後，他就會真的「豬給你看」、「笨給你看」、「死給你看」。所以，最好能以正面積極鼓勵的話，代替負面消極不當的話。因此，可以改變原來父母的習慣語言，取代好的語言，如：以讚美的語言取代指責、批評、挑剔的語言。

 遇到困難時，鼓勵孩子不放棄，增加挫折忍受力的語言

「做得好！」

「繼續試試看！」

「好多了！」

「你已經做到了！」

「進行得很順利嘛！」

「我就知道你能做到！」

「你每天都有進步哦！」

「我真以你為榮！」

「你辦得到的！」

「你做對了！」

「對了！就是這樣做！」

「你已經有很好的開始了！」

「我想你漸漸的有把握了！」

「你快要做到了！」

「你真的不斷在進步呢！」

「你學得真快！」

「你今天確實做得很好！」

「看到你做得那麼認真，使我覺得身為你的媽媽（爸爸）真愉快！」

「你試著想其它的辦法！」

「你正盡力的做好它！」

「再試一次你就可以做到！」

「繼續做，你愈來愈進步了！」

培養自信心的語言

「我真高興有你這樣的孩子！」

「這正適合你！」

「記性真好啊！」

「真令人感激！」

「你真是好幫手！」

「我很謝謝你的幫忙！」

「真令人驚訝！你做到了！」

「你真懂事不少！」

「我好愛你！」

「你快要做到了！」

「你做得很順手嘛！」

「你想出好辦法了！」

「你一定練習很久了！」

「你今天做得好認真！」

「那件事你做得真好！」

「你正盡力的做好它！」

「你這樣就快想出來了！」

「你看你想出辦法來了！」

「你學到不少東西嘛！」

「謝謝你啊！」

「我不會忘記你做得那樣好！」

「我自己都沒有做得那樣好！」

「那真是一件溫馨的事啊！」

「啊！跟你在一起讓我覺得很快樂！」

「看到你各方面的表現，媽媽（爸爸）真以你為榮！」

忙爸爸如何當好爸爸

「忙爸爸」當久了，容易變成「盲爸爸」，錯失孩子重要的成長歷程，親情一點一點淡薄。忙爸爸該如何調整自己的時間，不在孩子的生命中缺席？在史蒂芬‧柯維（Stephen Covey）的《與成功有約》一書中，回顧忙爸爸的心情，他說：「假如我一直忙碌著急，焦慮的趕赴許多約會，急著完成許多『更重要的事』，以至於沒有時間聆聽孩子說話，我不曉得會發生什麼事情，女兒會走上哪一步。」有多少父親總是推說「很忙，沒時間」，一再對孩子失約，或是要孩子「等以後再說」？

一對沒有心靈相遇的父子

正浩小的時候，常常問父親：「爸爸，我們什麼時候可以去釣魚？」父親說：「週末吧！」到了週末，正浩興奮的早早就起床，等待父親起床。但是等到的卻是父親把高爾夫球具放進了車子，出門去了。

正浩一直等，等到了下午黃昏，父親回來了，正浩說：「爸爸，我們什麼時候可以去釣魚？」父親說：「我加了一天班，太累了，明天再說。」但是，明天又明天，這期待中的明天一直沒有到來。

正浩長大了，也成家有兩個小孩，有一天，老父親對正浩說：「什麼時候我們一起去釣魚吧？」正浩說：「對不起，爸爸，我現在很忙，要加班、要照顧一家大小，還有開不完的會議，下次吧！」

這樣的一對父子，就一直沒有一起去釣魚。

爸爸為什麼這麼忙？是什麼事卡住了他們，讓他們陷在忙碌的迷思中，一點一滴流失親情？身為一家之主，很多爸爸，習慣把認真打拚視為對家庭負責、照顧妻小的全部，並且抱持著「事業成功，孩子理所當然會尊敬我」的想法，而疏於家人之間的親密互動。

迷失的忙爸爸

志剛在大學教書並擔任系主任的行政職，跟很多大學的系主任及正在職場打拚的中壯年男性一樣，每天、每個月都有做不完的事，要教書、做研究、演講、指導研究生、開會、社交應酬……等。

有一陣子，他總是有吃不完的飯局，將近有兩個月幾乎每晚都不在家吃飯，妻子巧柔為了要一家四口能一起吃晚餐，只好打電話先預約與先生吃晚餐的時間。

有一天，志剛突然發現，自己好一陣子沒聽到寶貝兒子因一起玩打追跑的遊戲所發出的笑聲，也好久沒聽寶貝女兒講學校的生活，更久沒和太太促膝長談、分享心情。突然間心中有很強烈的失落感，一陣空虛湧上心頭，使他不得不停下手邊的工作開始思索：「我為什麼會這麼忙？」「我需要這麼忙嗎？」心理學背景的他，決定為自己好一陣子的混亂忙碌做分析與省思，他給自己一個內在對話的時刻：「我到底要什麼？不要什麼？」「我得到了什麼？失去了什麼？」

　　結果他發現，得到的都是屬於外在、自己的好處，例如：外界所給予的肯定名聲及金錢報酬；但失去的卻是家庭生活，沒機會和家人吃飯、一起休閒，孩子看到的都是一個精疲力竭的父親。他坦誠的面對自己，很多男人其實很喜歡忙的感覺，好像忙一點才會讓自己更有價值、更有成就感；但是，忙久了也會變成習慣，甚至在忙碌過程中麻痺自己：「男人就應該這麼忙」，愈陷愈深。男人要對自己的價值觀有正確的剖析，事業成功不是生命的全部。

　　當然忙碌也是很好的藉口，有時候，男人也想用「忙」來逃避親密關係中的困難與挑戰。台灣男性在成長過程中，普遍較少被鼓勵或教導如何和另一半及小孩建立親密關係，因此這方面的能力相對薄弱，在面對妻子的抱怨或是孩子的需求時，常用忙碌來搪塞，因為「快又好用」。

　　夜深人靜，看著孩子天真甜美、無憂無慮的臉，志剛想到曾一度非常憤怒自己父親不負責的態度與行為，要罷免自己的父親。但是，面對自己腦海中所浮出的理想的父親形象又有些慚愧。沒有一個男人天生知道該如何當爸爸，但如果能先問問自己：「我希望我的小孩以後變成什麼樣子？」也許會更知道該怎麼做。

　　父親是小男孩生命中重要的男性典範，教他「男人是怎麼回事？」對小女孩來說，則是她生命中第一個異性典範。可見男性在孩子成長過程中，扮演多麼重要的角色，確實是值得投資時間陪伴孩子成長。

忙碌，但不缺席

　　除了要有心，忙爸爸其實也可以隨著孩子不同生命週期的需要，適時參與，讓孩子得到父親的愛與關懷，「忙碌，但不缺席」。像剛出生的嬰孩，一直到學齡前，的確很需要父母密集的陪伴與呵護，如果沒辦法成為時間充裕的奶爸，至少也要成為他最好的玩伴。「幫孩子洗澡，多跟他們玩吧！」有時透過嬰孩的純真及可愛的笑聲，反而讓忙碌的父親放輕鬆，忘卻一天的疲憊與煩惱，更重要的是，父親與孩子間親密的玩耍互動，有助於建立彼此的關係，是爸爸能給小小孩最好的禮物，讓孩子從中得到安全感，覺得自己備受重視與呵護。

　　當孩子進入小學時，他們會開始有自己的玩伴與學習，但仍需要父母在旁隨時解答疑惑。

　　此外，盡可能參加孩子在學校的家長會，對忙碌的父母親來說，家長會是一個不能不參加的活動，花一點時間，如同做定期健康檢查一樣，能了解孩子在學校的真實情況，包括優缺點及人際互動的狀況。

慢慢轉變為朋友的角色

　　當孩子愈長愈大，進入高中、大學時，扮演他們朋友的成分愈多愈好。在他們面對大學、留學或就業等人生重大抉擇時，扮演他們的人生顧問與諮詢對象，但並不是強迫他們接受大人的想法。

　　注意！在他們重要的日子，如：生日、重要的比賽或畢業典禮，忙碌的爸爸一定要撥出時間參加哦！

　　父親的角色一定要慢慢轉變，從嚴父、規範者變成朋友，因為孩子是循著自己的生命軌跡不斷在前行。

　　尤其很多父親十分忙碌，一轉眼，就不知道自己的孩子長多高、改變多少了，還用孩子小時候的方式與他相處，關係自然愈來愈疏離。孩子的成長像一部緩緩駛過的列車，父母如果沒跟上，就會覺得車子怎麼開得那麼快，只能在後望塵莫及。如果跟上了，便能一起在車上分享與同樂。

創造優質時間（Quality time）

　　現在世界上的觀念，時間的質比量重要，就是所謂的優質時間（Quality time），也就是不在乎和孩子在一起的時間有多少，而在乎和他一起做了什麼。其實這是一個似是而非的理論，似乎是在提倡重質不重量，似乎重視與孩子在一起的品質，而非時間的多寡。我同意這樣的看法，但是，必須是平時就會安排時間給予孩子。如果我們整天不在家，然後給孩子十分鐘的優質時間，就認為他會滿足了嗎？

　　優質時間──全心全意的與孩子在一起，不是身體跟孩子吃飯，腦子裡想的都是辦公室的事。

　　優質時間──是當他興沖沖放學回家時，你聽他說得興高采烈。

　　優質時間──是他心情沮喪的回家時，你傾聽、安慰、鼓勵他。

　　如果錯過了，等我們有空時，問他：「今天過得如何？」他只會說：「還好！」

　　每週跟孩子有定期的家庭聚會，讓孩子決定想要做什麼，在這段時間教導孩子許多好習慣，創造優質的相處時光。孩子會覺得父親很重視他們，感受到深切的父愛。只要有心，忙爸爸也可以是好爸爸。

　　前美國總統布希夫人，在衛斯理女子學院畢業典禮上致詞：「等妳們到了我這個年紀，妳不會因為失去一筆生意，或少了一個客戶而後悔，但妳若沒有花時間在丈夫、孩子身上，妳會悔恨不已。」

　　思考一下，假如我們常常在孩子的生命中「缺席」，會有什麼後果呢？生命走到晚年或盡頭時，我們的遺憾是什麼？

　　我有一位獲得美國心理劇協會最高榮譽獎的心理劇導演及訓練員良師Dorothy Satten，常在專業心理劇訓練工作坊時，要我們去體驗走到生命最後一天的情境，問自己的遺憾或後悔的事是什麼？她說：「你不會後悔沒多待在辦公室一小時！你也不會遺憾沒多做些工作！」

　　她常常要我們練習，以一位有智慧的老人來告訴現在的自己，要如何改變才能免掉那樣的悔恨。

　　我常常感慨，孩子在我們身邊差不多有十八年的時間，日子很快就會過去！當他們成人，我要讓他們能自由、沒牽掛的展翅高飛，所以我就更加珍惜現在孩子在我身邊的時光。

　　有一位教育家說：「每天擁抱你的孩子三次」。提醒自己，孩子說話時專心聽，也注視他們的眼睛。常常，就在這專注的時刻，心中湧起對他們的愛，就會自然的抱抱他們。擁抱、親吻、稱讚、鼓勵……永遠不嫌多。

愛～就是與孩子共處

以下是一則在網路流傳的感人文章：

●買爸爸的時間

一位爸爸下班回到家很晚了，很累且有點煩，發現他五歲的兒子靠在門旁等他。

「爸，我可以問你一個問題嗎？」

「當然可以，什麼問題？」父親回答。

「爸，你一小時可以賺多少錢？」

「這與你無關，你為什麼問這個問題？」父親生氣的說著，

「我只是想要知道，請告訴我，你一小時賺多少錢？」小孩哀求著，「假如你一定要知道的話，我一小時賺 20 塊美金。」

「喔！」小孩低著頭這樣回答著，小孩又說：「爹地，可以借我 10 塊美金嗎？」

父親發怒了：「如果你問這問題只是要借錢去買毫無意義的玩具或東西的話，給我回到你的房間並上床，好好想想為什麼你會那麼自私，我每天長時間辛苦工作著，沒時間和你玩小孩子的遊戲。」小孩安靜的回到自己的房間，並關上門。

這位父親坐下來並且仍對小孩的問題感到生氣，

他怎麼敢只為了錢而問這種問題？

　　約一個小時後，他平靜下來了，開始想著他可能對孩子太兇了；或許他應該用那 10 塊錢美金買小孩真正想要的，讓他不用常常要錢，父親走到小孩的房門並打開門。

　　「孩子，你睡了嗎？」他問著，「爸，還沒，我還醒著。」小孩回答著。

　　「我想過了，我剛剛可能對你太兇了，」父親說著：「我將今天的悶氣都爆發出來了，這是你要的 10 塊錢美金。」

　　小孩笑著坐直了起來，「爹地，謝謝你！」小孩叫著，接著小孩從枕頭下拿出一些被弄皺了的鈔票，這父親看到小孩已經有錢了，快要再次發脾氣，這小孩慢慢的算著錢，接著看著他的爸爸。

　　「為什麼你已經有錢了，還要要更多？」父親生氣的說著。

　　「因為我之前不夠，但我現在足夠了。」小孩回答：「爸，我現在有 20 塊錢了，我可以向你買一個小時的時間嗎？明天請早一點回家，我想和你一起吃晚餐。」

傾聽嬰兒的哭聲

　　嬰兒一出生，身體馬上感受到壓力的改變，從溫暖的羊水中，被擠壓到冷冷的空氣裡，皮膚感受到壓力和溫度的改變，因此嬰兒用「哭」來表達。在嬰兒出生後的九個月裡，嬰兒所要學習的就是身體的學習，嬰兒從照顧者的呼吸、身體的接觸及動作上所學習到的比照顧者所說的話更多。全方位的傾聽嬰兒的表達是需要學習的。

有信心的哭

　　嬰兒來到這個世界的第一個反應——哭，哭是他表達的方式。孩子餓了、尿布濕了、大便了、太冷、太熱，他第一個反應就是用哭來表示。以艾瑞克森兒童發展階段的理論來說，在這個階段最重要的是，他要發展出「對人的信任」。在嬰兒一出生的時候，他已經在開始建立信任感了！什麼是「信任感」？信任感是相信這個世界的人與事物。如何去建立這份信任呢？嬰兒透過身體去感應這個世界，當嬰兒哭被照顧者聽到而有所反應的時候，會覺得「我可以有信心的哭」；但是如果嬰兒哭啊，哭啊，都沒人理，哭累了，睡著了，然後醒過來繼續哭，久久才有牛奶喝。嬰兒會覺得：「我這麼努力發出聲音來告訴大人我的需要，但是沒人理會，這些大人都是不可信任的。」將來長大後就形成「這個世界不值得我信賴」的感覺。

 ## 回應嬰兒的哭——認可他需要的表達

在我們傳統社會裡，嬰兒哭不要馬上去抱他，免得將來小孩嬌縱不好養或長大後用哭來要東西。這是對哭的迷思，回應嬰兒的哭，並不會寵愛他。

記得我在坐月子的時候，每當我要坐下來吃飯的時候，我就聽到娃娃在房間哭的聲音，接著婆婆或媽媽就會說：「不可去抱她，要先等自己吃完再去照顧，不可以她一哭就去照顧，免得她將來被寵壞了！」這是我們中國人傳統的說法。剛開始照著長輩的意思做，不理會娃娃的哭聲，繼續吃飯，吃得忐忑不安，為了不違背長輩的想法，只好快快的把飯吃完，匆忙的去房裡抱小寶貝。幾次後，我發現這樣不行，仔細思索小寶貝怎麼會在大人要吃飯時，就發出聲音，她到底要說什麼？

這是我悟出來的看法：嬰兒感受到我們愉快的氣氛，想要加入我們。於是我把她抱過來在飯桌旁，讓她看著我們大人吃飯。我們一邊吃一邊偶而跟她說說話，她開心又安靜的在旁邊，讓我這個做媽的安心又愉快的吃飯。

 ## 要辨識嬰兒的哭聲

在英國人的文化裡，對嬰兒哭的態度，就真的很不一樣。在英國的產前媽媽課程中，教所有的媽媽及照顧嬰兒的人，包含了爸爸或奶媽，要辨識嬰兒的哭聲——注意聽嬰兒的哭聲是代表什麼，是肚子餓的哭？還是尿布溼的哭？並即時回應嬰兒

的哭聲，讓嬰兒知道你聽到了。即時的回應並不表示馬上就給他一瓶溫熱的牛奶或快速的拿走濕答答的尿布；而是對他說話，告訴他你聽到了，正在拿尿布或是正在裝奶粉等等。他可以等一下才得到他的需要，而他知道外面的世界有在回應他。

不僅要肯定孩子表達他的需要，還要聽懂

在我年輕的時候，就曾希望將來能將自己所學的心理學、輔導教育學及兒童輔導學整合用在自己的小孩身上，幸運的是我真的實現了我的這個夢想。八年多前懷孕，剛好先生要前往英國劍橋大學攻讀博士，因此我的女兒就是在一個比較不受中國傳統文化影響下的環境，依照我的學習理論培育出來的。偶而媽媽、婆婆或阿姨們來訪，並沒有干預到我的教育方法，因此我也比較能按照自己學的方式來照顧小孩子。不像有的家長與長輩同住，老一輩的想法會影響或干預我們教育孩子的方法與態度。

那時候我的孩子一哭，我就會去看看她，檢查她的狀況。手一邊檢查她的尿布，一邊問她：「是尿尿啦？還是"Pu Pu"啦？是太熱嗎？或是哪裡不舒服呀？」總是把她弄好，使她舒服了，她也會給我一個滿足的笑容。在這樣實驗的過程裡，我發現我的孩子很好帶。每當她有反應的時候，外界會回應她，而不是讓她在那邊很難過、很傷心、很無助的一直哭泣，而沒有人理會；所以，這是一個對孩子哭泣的新看法。

擁抱孩子

嬰兒的學習是透過身體直接與環境接觸的。

有一位年輕男士分享，第一次當爸爸時，面對軟趴趴像沒骨頭撐著的小娃娃，實在很緊張。平時一聽到小娃娃哭聲，就不知所措，不知如何才能安撫小娃娃。有一次太太外出，把小娃娃交給他。他小心、勇敢的抱起小娃娃，小娃娃在他手臂內，哭得更加大聲，這位年輕的爸爸一聽小娃娃哭得更厲害，心裡更是焦慮不安，惶恐自己抱的姿勢錯誤導致小娃娃不舒服，於是連換了好幾個姿勢，但是小娃娃仍舊哭個不停。

終於，救星回來了，孩子的媽媽一進門，爸爸就趕快把小娃娃交給媽媽。媽媽一抱過來小娃娃就不哭了！爸爸鬆了一口氣！一放鬆才注意到自己的雙臂好酸痛！

這位先生納悶，太太抱小娃娃與他抱小娃娃有什麼差別？研究半天，姿勢沒問題，終於注意到是自己雙臂緊張、肌肉緊繃，小娃娃的身體感受到爸爸緊繃的肌肉，也跟著緊張不安，於是哭個不停。

後來建議這位年輕爸爸，在抱小娃娃前，先放鬆自己，再抱小娃娃，小娃娃就不哭了！

結　語

嬰兒的哭聲，在表達什麼？不要忽視它，讓我們一起來學習聽懂嬰兒的哭聲！「哭」是嬰兒第一個溝通表達的方式：第

一，傳達生理的需求──飢餓、寒冷、過熱、身體的不適；第二，心理的需求──被關心、被愛、被擁抱、被陪伴、玩的需求，減少緊張的壓力感。因此傾聽嬰兒的哭聲是很重要的，也才能給予健康良好的照顧。嬰兒被聽懂後，將來長大，會減少很多因誤解所產生的挫敗感，培養孩子積極正向的人格特質。

現代父母的糊塗事

父母為孩子做太多！

替兒女承擔太多的責任，做太多，例如：父母像個書僮替孩子拿書包；父母充當「宅急便」，孩子忘了帶上課的東西，一通電話，馬上飛奔送到校門口。

有的父母太忙，因此請傭人來照顧小孩的生活起居，小孩養成飯來張口、茶來伸手的習慣，一點也不知道「米」長什麼樣子。小孩早上起來吃早餐時，奶油已經塗好了，牛奶也倒好了，這樣「無微不至」的照顧會剝奪小孩學習照顧自己的機會，也減弱孩子做事的能力。父母的本意是為了孩子好，反而把孩子養成發展遲緩、能力弱的孩子。傭人替他收拾所有弄亂的東西，撿起孩子丟在地上的書包、鞋子、髒衣服，幫他整理弄亂的房間，這除了使他養成不良的生活習慣之外，還可能造成推卸責任，並將別人的好意視為是理所當然的態度。

陪伴孩子成長，每天只要花五分鐘，提醒他準備明天所需的東西，陪同一起學習整理房間，並鼓勵獨自完成事情。

 父母漫罵孩子太多！

當父母處於壓力的狀態，情緒不好時，容易遷怒於小孩，又狠又毒又不理性的話往往脫口而出，結果傷了孩子的心、挫敗了孩子的尊嚴，也就使得親子的關係愈來愈惡化。當孩子相信自己真的很糟糕時，孩子的行為也會傾向「我不好」或「我不行」。

每天只要花五至三十分鐘，傾聽自己的心情，照顧自己的需求，學習疼惜自己及掌控情緒。

 父母給孩子的物質太多！

當父母忙於工作又拚命去賺錢而沒有時間陪伴小孩時，為了彌補內在的罪惡感，只好用物質來補償。有時候，父母給了

太多物質，反而造成孩子不知感恩、不知足或自我膨脹。父母不要為了平衡內心的愧疚感，拚命買玩具、糖果給孩子，因為，物質並不能取代精神層次的愛。

當孩子想買東西時，只要他吵一吵或哭一哭，父母就會掏腰包買給他；孩子不明白這些金錢是父母辛苦努力賺取的，也無法體認到天下沒有白吃的午餐，沒有不勞而獲的財物。孩子當父母是搖錢樹或提款機時，長大成人後，怎麼願意靠自己的努力，勤勞工作呢？

 每天只要花五至三十分鐘，陪孩子玩、談心或做孩子喜歡做的事。

父母對孩子的期望太多！

父母為了滿足自己小時候的失落，或是為了彌補小時候的創傷，將自己童年無法得到的寄託於孩子身上，期望孩子幫他完成未了的心願。

大多時候，成人在社交的場所，多多少少都會經驗到互相比較的壓力，比房子、車子、地位、財富……等，有時也會比比孩子的成就。然而父母又怕失去面子，於是努力的督促孩子要贏在起跑點上：「孩子！要拚才會贏！」

隨著孩子的成長，由幼稚園進入小學後，父母安排各式各樣的才藝班，期待孩子有好的表現，卻忽略小孩的性向及興趣。

探索對自己的期望與失落，接納它是生命的一部分。真實比完美更好！

與孩子在一起的時間太少！

現代人忙於追求名利、成就……等，卻沒有時間陪小孩，因此在一起的時間很短，甚至常常因為公事或生意的需要而犧牲家庭聚會或家庭活動。

在戴晨志《新愛的教育：動人心弦的「愛與溝通」》一書中，提到了影星成龍的例子：成龍因忙於演藝事業，在家的時間非常少，很少有時間陪他的小孩。有一天，他無意間得知孩子的心願，是希望能像其他的同學一樣，下課時爸爸能在校門口接他；成龍覺得對孩子真的虧欠很多，於是，有一個下午他提前休息，決定給孩子一個驚喜。他真的到學校門口去接孩子下課，看到許多學生一個個出來，就是看不到他的孩子，等學生都走光了，他著急的打電話回家問：「孩子回家了沒有？」「還沒有！你在哪裡？」「我在他學校的門口等他。」……「什麼學校？」「○○國小。」「……他已經讀中學了！」

 每天只要花五至三十分鐘,陪伴孩子做他喜歡做的事。

親子一起歡笑太少!

工作、看電視、玩電腦,占據了我們日常生活中大部分的時間,親子之間少了有趣的休閒活動,欠缺開懷大笑的共同回憶。在親子相處的時間裡,需要添加一些創意的活動,共同創造快樂的親子時間。

 每天只要花五至三十分鐘,陪伴孩子一起講笑話。

親子談心太少!

現代的父母忙、盲、茫,很少有時間與孩子坐下來聊天談心。然而,當親子真有機會,好不容易聚在一起時,卻不知道要做什麼?也不知道要說些什麼?在我的演講中或晤談室裡,常聽到家中有青少年孩子的父母感慨的說,當他們想要進一步

了解青春期孩子的世界或交友情形時，常常吃到閉門羹；這是由於平時就沒有談心的習慣，很難打開孩子們的心靈世界！把握小孩還願意圍繞在你身旁，嘰哩咕嚕的說著學校同學發生雞麻蒜皮小事的時光！

每天只要花五至三十分鐘，傾聽孩子的喜、怒、哀、樂，也分享你喜歡的事物。

 孩子你還小，我幫你做決定！

認為小孩還小，因此凡事都是父母做決定，幫他選擇；然而，長大後，又期望孩子能獨當一面，勇敢冒險做決定，並承擔後果。但是，從小就幫孩子做所有的決定，沒有機會給孩子學習選擇，長大後，如何學習做決定，並負起該負的責任？又如何讓孩子學會從承擔後果中來學習調整自己的判斷，增進面對下一次抉擇時的能力，以做出更忠於自己、更貼切、更適當的決定？因此，增進膽識與智慧去面對生命的抉擇，是可貴的財富！

從每天生活中的小事，練習由二個選項中選擇一個，鼓勵他做出選擇，陪伴他為所做出的選擇付出代價，並統整整個經驗與學習，進而增加智慧與膽識。

父母表達愛太少！

父母自己不懂得真正愛自己，也就很難真正的愛孩子，只照料食衣住行還不夠，小孩要有被愛的感覺才是最重要的。

先學習愛自己，每天花五至三十分鐘做一件愛自己的事。

聽音樂、泡個熱水澡、吃冰淇淋、到美容院洗頭髮、按摩、SPA、與好友談談心情、與好友喝一杯茶／咖啡、擁抱小孩／先生／太太、靜坐、看書或雜誌……等。

再與孩子同樂！

寵壞孩子
——就是滿足他的一切，使他成為準輸家

　　愛孩子並不是對孩子的需求有求必應，滿足孩子所有的口腹之慾，或其它的欲望與需求。有的父母非常疼愛孩子，在孩子還沒開口提出要求之前，就趕快滿足孩子的需要。例如：有的父母在孩子還沒覺得肚子餓時，就塞餅乾點心給他吃；在孩子還沒覺得口渴時，就遞上一杯果汁或飲料；孩子的玩具也是一直不斷的汰舊換新……；因此孩子沒有機會體會到「需要」與「缺乏」的感覺，也就無法體會到滿足的快樂。

　　台灣早期生活非常困苦，在二、三〇年代長大的人，由於時代背景，物資缺乏，童年時的平日只能吃到地瓜稀飯，只有到了過年，才能看到雞肉，有的看到了也不見得就能吃得到。因此在那個年代長大的成人，很容易在生活中找到滿足，吃雞腿或牛排就已經很高興、很滿足了！然而現代的年輕人，幾乎每天都是大魚大肉，要慶祝時，卻不知道要吃什麼大餐來表示特別的慶祝。這也是現代人的通病，尋找不到更刺激的事物來感受那份特別的滿足感；當孩子吃膩了山珍海味後，他還要吃什麼來滿足呢？

　　有時使孩子有缺乏感，感受「得不到的感覺」是一種恩賜，讓孩子長大成人後，可透過他的努力來獲得滿足感。

孩子是您的影子
——先改變鏡中的自己

　　每個孩子都是「好學寶寶」。心理學的學習理論提到，學習的第一步驟是模仿，再創新。因此我們作父母的一言一行都很重要！我們怎麼做，小孩就怎麼學；我們怎麼說，小孩就怎麼說。想要教出什麼樣的孩子，就要讓自己先成為那樣子的人。

　　每一個孩子都是獨特不同的，但是，孩子受到我們大人的影響很大，在多個諮商與輔導理論中，都提到童年時的經驗對成人產生的重大影響。例如：在你們家中若有一個大人平時講話很大聲、笑起來很大聲，或生氣時說話很大聲，那麼小孩中，也許有一個也是這樣的；當然，或者有一個是特別小聲、害羞的，剛好相反；也或許兩者都有！孩子像是一面鏡子，從這面純真的鏡子中，仔細的觀察，常常會看到自己。

　　孩子的模仿能力很強。有一天，我突然看到我們家老二，當時他還沒滿兩歲，很努力的將他的小腿抬起來，去碰電視的開關，等到電視關起來時，我才恍然大悟：前幾天，由於我太累了，沒有彎腰去關電視，而是用腳指頭壓電視開關。沒想到，小小的他馬上學起來。要責怪小孩的行為時，先想一下，他是從哪裡學到這行為的。

　　有時我們也很容易將自己所難以接受的情緒，轉到孩子身上，因此從孩子強烈的感受中，正是自我省思的好機會。

　　記得在 921 事件之後，有一次在彰化社區職障中心演講，中間休息時，一位年紀約四十出頭的媽媽上前找我談她小孩的問題，她說：「我很受不了我那個女兒，慢郎中！每天晚上做功課總是慢吞吞的拖了老半天，拖到了晚上八點鐘還不寫功課，九點半要她睡覺，她還在拿作業，還在摸這個、摸那個……實在是很受不了，每次看她那樣慢吞吞，一把火就要冒出來，很難忍受。」我問：「妳從孩子的眼中看到什麼？」她思索著說：「我覺得她好像在告訴我說，她沒有辦法應付這個學業、應付她的世界，她覺得每次都很倒楣，遇到的老師都出很多作業。」她試著用很多很多方法來解釋孩子的行為。接著我再問她：「那妳最近的心情怎麼樣呢？」她苦惱的皺著眉頭說：「我覺得我真得沒有辦法應付耶！因為我和孩子是從災區過來彰化這邊住，而先生還在埔里，還有很多 921 事件及債務的影響，讓我覺得實在是無法應付！」於是我接著對她說：「妳講這些感覺，怎麼聽起來跟妳剛剛形容妳女兒應付她的世界是一樣的心情呢？妳剛剛也提到，妳的心境也是沒有辦法去面對那麼多的事情，我覺得妳們的心情好像哦！」這時候，她恍然大悟！她那麼無法忍受她女兒的樣子，就是很難很難忍受自己現在的狀況。

建立良好的親子關係

　　親職教育中，很重要的一點就是──要跟你的孩子有一個很好的關係。因為我們不可能永遠保護他、幫他阻擋外界所有可能危險的事件。古訓上說：「近朱者赤，近墨者黑」，於是當孩子一進入青春期，父母開始總動員，警報器響起了。對所有電話、所有信件都要過濾，甚至對孩子所交的任何一個朋友都要做身家調查，才放心他們交往。但是，這樣的方式並不能防範孩子的問題行為，反而會引起孩子的敵意或對立。孩子覺得不被信任後，更加的隱藏自己的心事，而父母也無從知道孩子所交往的朋友是什麼樣的人。

　　在一次的強制親職成長工作坊中，有一位阿珠母親分享，她在十六歲那年失身，現在她的女兒也漸漸長大，很擔心她們，希望她們不要重複自己的錯誤，但是女兒們都不聽話。

　　父母該如何將自己生命中所累積的經歷智慧教給我們的孩子呢？唯有親子關係是良好的，孩子才會接受父母的教誨和生命智慧的分享。

　　在成長過程中，孩子多多少少都會遇到疑惑及困難；重點是，等到孩子遇到疑惑及困難的時刻，找誰求救？是找跟他同年齡、沒經驗的朋友？還是找成熟又有經驗的爸爸、媽媽呢？如果當孩子有疑惑、有困難，甚至闖禍了，但是卻因怕被責備

而不敢來找父母，反而去找他的朋友，只怕是增加二度傷害。

　　平時建立良好的關係，父母親才能在孩子遇到困難、遇到危機的時候，即時提供好的協助與有智慧的解決方法。

貳、認知篇
了解孩子的天生氣質

俗話說：「一樣米，養百樣人」，相信為人父母者均能體會出這句話的真實性。我們也常聽到有些父母抱怨：「同樣是我生的孩子，為什麼不一樣？」「在同樣的環境下，我用同樣的教養方法，為什麼姊姊乖巧，弟弟那麼頑強？」了解每個孩子的天生氣質，可協助父母快速的了解孩子的行為和反應，並能掌握與孩子相處時衝突處理的方法。氣質是天生的、是受個體內外刺激所產生的反應方式、是與生俱來表現於生活上的一種「行為方式」，並且是有個別差異，但也常受到後天環境、成熟、學習，以及與他人互動等因素交互影響。氣質本身並無好壞之分，最重要的是要去了解，找出能互相調適的融洽相處之道。

「氣質」係指個體與生俱來的獨特行為模式，從受精卵的第一天開始，每個孩子就展現出不同的特性。雖然氣質評估不是絕對的，但認識並了解孩子的天生氣質取向，有助於預期孩子的行為模式，同時幫助父母教養工作，並且也是增進親子關係的好方法。

根據湯姆斯和卻斯（Thomas & Chess）的研究，歸納出有九種的天生氣質：1.活動量：孩子的活動量多寡和節奏快慢；

2.規律性：睡眠和進食等生理機能規律性；3.趨避性：第一次接觸人事物進退的反應；4.適應性：適應新的人事物等之難易程度；5.反應閾：引起反應所需的刺激量；6.反應強度：對於刺激所產生反應的強弱；7.情緒性：常表現正負情緒的行為比例；8.注意力分散度：是否容易受干預改變活動；9.堅持度：遇阻礙時是否繼續進行活動的傾向。

　　依循湯姆斯和卻斯（Thomas & Chess）的理論，整合個人對孩子的了解及社會文化價值觀的影響，以下是我對這九種天生氣質的詮釋：1.精力充沛的猴子／懶洋洋的無尾熊；2.不可捉摸的青蛙／規律的候鳥；3.好奇的小貓咪／害羞的章魚；4.敏銳的變色龍／固執的驢；5.善體人意的狗狗／行動緩慢的犀牛；6.怒吼的老虎／溫馴的小兔；7開心快樂的小鳥／愁眉苦臉的沙皮狗；8.專注的螳螂／東張西望的鼬鼠；9.永不放棄的鬥牛／隨和的蝸牛。

精力充沛的猴子／懶洋洋的無尾熊

活動量的定義：指孩子在全天活動中，所表現的動作節奏快慢與活動頻率的多寡。

如何知道孩子的活動量高或低？

從孩子的睡覺、遊戲、工作、吃飯、穿衣、洗澡等日常活動時，觀察孩子的身體活動量。

活動量高的孩子，在母親懷孕時，就可以察覺到；有經驗的媽媽，留意懷孕時胎動的狀況，如果小嬰兒在母體內的胎動較為頻繁，或者在懷孕的第四個月時，就很明顯的感受到他的胎動；胎動多的嬰兒，通常比胎動少的嬰兒活動量大。

而在出生之後，也可以透過嬰兒睡眠的狀態來觀察孩子的活動量。例如：活動量高的小嬰兒睡覺時總是翻來覆去，早上醒來時，看不見小嬰兒睡在原來的位置，而是在床的另一端。有的活動量更高，醒來時，仍在原來的位置上，但是是轉了360

度又睡回原來的地方。

活動量低的孩子，可以安安靜靜的睡在那裡，姿勢一點也沒改變，他不會亂動。這種嬰兒，大人會覺得很好帶，活動量低的孩子，乖乖的，就算你給他一個小小的地方，半小時或一小時後，他可能還是坐在原來的地方玩，不會東跑西跑；而活動量大的孩子，不到三秒鐘就已經爬上爬下、東跑西跑了。

特質的差異

猴子和無尾熊最大的差別是，猴子大部分的時間是蹦蹦跳跳；而無尾熊是趴在樹枝上，懶洋洋的吃著樹葉，吃飽睡，睡飽吃。

● 精力充沛的猴子

活動量大的孩子，似乎永遠有用不完的精力。當你帶著活動量大的孩子去朋友家時，很快的，他已經巡視過每個房間；活動量低的小孩可能一直在原來的位置上。

進入小學後，活動量大的孩子，面對老師交代的功課，為了能夠盡快跟鄰居或安親班的小朋友出去玩，他會龍飛鳳舞似的快快把作業完成。

用正面的態度來看待活動量大的孩子，他會很勇敢去探險，經常精力充沛。

● 懶洋洋的無尾熊

而活動量低的孩子，動作很緩慢，走路也是慢慢的，有時從鉛筆盒裡拿出一枝鉛筆或一個橡皮擦也要花上一分鐘的時間，很容易引起大人們的不耐煩而被責備為懶惰、偷懶、慢吞吞……等。

正向看待不同的特質──優缺點

【正面的看法】

活動量高：精力旺盛，讓人覺得精神奕奕，身體健康，充
　　　　　滿陽光氣息。

活動量低：會靜靜的做自己的事，不會去吵周遭的大人。

【負面的看法】

活動量高：老是動個不停，坐也坐不住，令人覺得很煩。

活動量低：動作慢吞吞，顯得懶懶散散，一副無精打采的
　　　　　樣子。

適配性

個性不同不表示不好，接納彼此的差異性，欣賞不同的優點。

急驚風遇上慢郎中

也許你會問：「天生氣質是如此，怎麼改變他呢？」古人說：「天性難改，本性難移」、「一條牛，牽到北京仍是一條牛。」牛有牛的特性——任勞任怨的一直工作，勤勞有耐力；而馬有馬的價值與功能，因此不需要將牛變成馬，或是將馬變成牛；允許他們牛是牛，馬是馬。

如果你是一個動作很快、活動量高的媽媽或爸爸，就會受不了慢郎中，難免有些不耐煩的情緒；但是，你不妨想想，其實孩子的優、缺點是很難定論的。引起衝突是因為在不恰當的狀況出現，讓大人覺得配合度不高，造成麻煩或衝突，因而也引起了我們對小孩的負面情緒。當負面情緒出現時，我們就會開始批判：「怎麼動作那麼慢！」「跟烏龜一樣，沒看過這麼慢的。」而孩子也會覺得自己真是糟糕，因此降低了孩子的自尊及損壞了他的自信，當孩子愈沒有信心，孩子的行為就愈加退縮遲緩。

活動量低的遇到一個活動量低的，那他們倆個很自由、很自在、很舒服，很輕鬆的依他們舒服的速度來完成所需的任務；倘若是一個活動量很高的遇到一個活動量很低的，就會覺得很受不了！

在生活中，大人也常常有適配性不合的情形，例如：急驚風遇上慢郎中。一個太太緊張兮兮的趕著要出門，而他的先生徐徐緩緩，不急不快慢慢的行走。先生還一副雍容華貴，閒散的問著他瘦巴巴的太太說：「我的眼鏡放在哪裡？」太太就一

副受不了要跳起來的語氣說：「我就跟你講說放在電視機上面，還找了老半天！」說話的同時，她已經從門口走進客廳，拿了電視機上的眼鏡，給正在穿鞋的老公。

　　父母應順著孩子的天生氣質，而非試圖硬要他們依照特定模式。因此，我們要了解媽媽、爸爸、孩子的天性氣質是屬於哪一種，是活動量高的還是低的？思考親子之間的適配性合不合？

引導精力充沛的小猴子做些建設性的活動
陪伴與吸引懶洋洋的無尾熊做喜歡的活動

　　了解孩子的天生氣質，接納他不同的天生氣質，活動量的高或低本身並沒有好與壞。

　　當父母覺得即將對孩子失去耐心，而將發生衝突時，不是讓挑剔孩子行為的一連串尖酸刻薄的訓話一傾而出，而是試著掌控自己的情緒——深呼吸，吸一口氣，暫時離開到另一個房間，氣稍微消了，腦袋也較清醒時，再來處理與孩子之間的衝突。

　　對活動量高的小孩，父母應給予機會發洩其旺盛之精力，引導精力充沛的小猴子做些建設性的活動，而非禁止他的活動力。

　　對活動量低的小孩，陪伴與吸引懶洋洋的無尾熊做些他喜歡的活動，並給予充分時間，讓他完成他所要做的事，提醒他提早開始做所需完成的事。

活動量大的孩子

1. 了解孩子常常動來動去是他的天性,並非他調皮搗蛋。
2. 活動量大的孩子常常跑來跑去、跳上跳下,因此容易發生意外,爸媽要多費心注意安全問題。
3. 讓孩子在安全、寬敞的空間盡興的活動一段時間。
4. 安排規律的生活,在孩子睡前不宜進行太激烈或興奮的活動。
5. 當孩子玩得太瘋時,適當的提醒與同理,善加利用還有「五分鐘」管教方式。
6. 陪他一起畫畫、拼圖、看書……,讓他培養靜態活動的興趣。

活動量小的孩子

1. 鼓勵孩子嘗試動態活動。
2. 由爸媽帶領做體操或打球等體能活動。
3. 每天都要讓孩子有機會接觸戶外活動,即使到住家附近的公園走一走,也有很大的效果。
4. 多給孩子看唱歌跳舞的節目,讓小孩經由模仿身體的舞動,而增加對體能活動的興趣。

不可捉摸的青蛙／規律的候鳥

規律性的定義：指孩子的生理機能、睡眠、清醒時間、飢餓與食量的規律性。

 如何辨識孩子的規律性？

孩子的規律性是指在日常生活中，孩子的生理需求是規律的？還是不可預測的？每天所需睡眠的長短時間是否相似？每餐的食量是否相似？大小便的量及次數是否相似？因此以生理現象的規則性來判斷孩子的規律性。有些孩子像鬧鐘一樣規律，有些孩子則是隨性而為，不按牌理出牌。

例如：當我們的小孩子還是嬰兒時，是三個小時或四個小時就會餓呢？還是弄不清楚他到底是什麼時候會餓？什麼時候會口渴？大便常常在早上醒來後，或是無法預測？

特質的差異

無法預測活蹦亂跳的小青蛙，下一步要跳到哪裡？
但是，規律的候鳥，冬天時間到了，就會往暖和的地方飛。

●不可捉摸的青蛙

規律性不高的孩子，就像青蛙一樣，不知他會跳到哪裡去；下一步要跳到水裡、石頭或草地上，很難預測他的行為。就像生活不規律的小孩，晚上若是有人陪他玩，那就可以玩到十一點，甚至是半夜一點、兩點，除非你硬押著他去睡覺，他才會乖乖去睡覺。有得玩，也不知道肚子餓了。通常這樣的孩子，其家庭生活也比較是不規律的生活作息。

●規律的候鳥

規律性高的孩子，就像候鳥一樣，時間到了，就會去做該做的事情。在日常生活中，遇到相同的事情或情境，就可以預測孩子的反應行為模式。例如：晚上睡覺時間到了，就準備要睡覺了，即使有人陪他玩，但是玩到大約九點多的時候，就可以發現他快撐不住，一轉頭就不見了，原來是跑去睡覺！這就是規律性很高的孩子。

 正向看待不同的特質──優缺點

【正面的看法】

　　規律性高：父母容易了解他的生活作息，知道他何時吃
　　　　　　　飯、睡覺，因此比較容易安排生活的活動，也
　　　　　　　比較能及時的滿足生理需求。

　　規律性低：如果父母、師長或照顧者比較忙，無法準時吃
　　　　　　　飯或洗澡時，比較不會引起孩子不舒服的反應。

【負面的看法】

　　規律性高：父母忙或臨時有事，無法依照原有的規律生活
　　　　　　　作息時，可能會引起孩子的負面情緒反應。

　　規律性低：父母常抓不準時間，不知小孩何時需要喝奶、
　　　　　　　洗澡或幾點醒來，不容易適時適地的提供孩子
　　　　　　　的生理需求。

 安全感與規律性的關係

　　常常有父母在我演講後問我：「我的孩子很沒有安全感，
怎麼辦？」如何培養孩子成為有安全感的孩子？我個人認為，
規律的生活、規律的作息，是一個很好建立孩子安全感重要且
實際的方法，孩子在規律的生活作息中會感到放鬆和安全。在
規律的生活裡，孩子可以很清楚的知道，接下來他可以做什

麼，因此，孩子才能安心的遊戲或做事，如果孩子不知道接下來要做什麼、可以做什麼，他會變得緊張而不安。

而每個孩子的規律節奏不同，有的較規律，有的較隨意。因此，在培養規律生活習慣時，是要以孩子的節奏規律性為主，而不是要孩子來適應大人的生活節奏，這樣孩子長大後的問題會比較少。

幫助孩子建立適當的生活規律節奏是很重要的，什麼時候吃飯、什麼時候睡覺……，給孩子一個安定、安靜、溫暖的生活節奏，而不是今天九點睡覺，明天去阿姨家就十二點睡覺，常常改來改去，孩子會覺得很緊張不安。良好的生活規律會讓孩子感到舒服、安定、溫暖、有安全感。

管教原則

每個孩子的規律性都不一樣，我們從小就可以看出來。而我們的習慣也會影響孩子；如果你的孩子還小，還來得及的話，那我們還可以培養他規律性變得高一些。

例如：每個孩子剛出生的時候，都不知道晝夜的區分，因為他在我們的羊水裡並不曉得週期的變化，所以當你要他睡覺時，可以把門關起來，窗簾拉上，讓他覺得暗暗的，這是睡覺時間；醒過來時，即便是孩子在睡午覺，讓環境亮亮的，讓他知道現在不是睡覺時間。

因為人的身體會很自然的接觸光線，慢慢的調整回一般人的生活方式、生活作息。規律性較低的孩子，父母可幫忙設定一個規律活動及彈性時間表來適應環境與調整心情。

小秘訣　培養好的生活習慣

　　培養好的規律生活習慣，能帶來健康快樂的人生。例如：在吃飯的時間開飯，不要孩子餓時，沒得吃，所以找了零食吃；當然在正餐吃飯時，就吃不下了，因而引來一段親子拉鋸戰，增加親子的衝突。在適當的時間做適當的事，可增加生活的效率與掌控感。

　　透過適當的前奏活動，協助建立比較難達成的良好生活習慣。例如：睡覺前先洗個澡，再睡覺！久而久之，孩子就會知道，當媽媽說：「洗澡時間到了！」孩子就會知道洗好澡後要睡覺了。因此在他洗澡時，心裡就開始準備等一下要睡覺了！孩子漸漸的了解生活主要的作息，對於下一個活動要進行的事情也會有預期，這樣不僅增加孩子的掌控感，也減少父母照顧孩子生活起居的困難，創造了雙贏。

　　另外，反應很強、活動量很大的孩子，即使他正玩得很高興，但當他知道洗澡時間到了，就會慢慢的去調整，因為他知道洗澡後就是睡覺時間。

　　每個家庭都有不一樣的作息，孩子會慢慢的去調整、去適應。如剛剛說的例子，孩子會很自然的知道洗完澡之後，就是準備要睡覺。也有的家庭是在睡前給孩子喝一杯牛奶，孩子養成了這樣的習慣後，喝牛奶或是洗澡就成了睡覺的前奏曲。孩子有這樣前奏性的預告之後，就會開始調整他自己；這樣對我們帶孩子來說也是一個很好的改變，覺得他比較容易配合。

好奇的小貓咪／害羞的章魚

趨避性的定義：孩子
初次接觸新事物、
人、食物、情況或場
所等新刺激時，所表
現的反應是很快的接
受，或是猶豫、退縮
的態度。

如何辨識孩子
的趨避反應？

　　孩子對新的人、事、物「第一次」接觸的時候，所表現出
來的「接受」或是「退縮」的態度。對新的人、事、物表現出
接納或高興的態度是趨性，排斥、逃離或不願嘗試新的玩具、
遊戲則為避性。辨識孩子的趨避性可觀察孩子對人、事、物三
方面的態度與反應。例如：面對陌生人的反應，在幼兒期，見
到陌生人會笑臉相迎，有些孩子則會因為怕生而嚎啕大哭；學
齡期面對新老師、新同學、新醫師、家中的訪客……等等的反
應，是退縮的還是欣然接受的。或是當孩子面對陌生的事件，

像游泳、打球、溜冰……等等新活動的接受度是低的還是高的。或者面對陌生的環境，如遊樂區、新教室、朋友家，不同的食物……等的反應是遲疑的還是接受的。每個孩子對不同食物的反應不同，有的對沒吃過的不願嘗試，不肯吃沒吃過的口味或食物。

 特質的差異

> 好奇的貓咪到了新環境會到處走一走、看一看、聞一聞、摸一摸；
>
> 害羞怕生的章魚，通常是獨自躲在隱密的暗處。

●有勇無謀的好奇小貓咪

孩子對新的人、事、物，很快的甚至不加思索的接受，具有這種行動與好奇的態度，我稱他為「有勇無謀的好奇小貓咪」，特色是第一勇於接受並嘗試新的事物，第二容易接納並相信別人。

有勇無謀的好奇小貓咪在小學的階段，對於玩具、下棋、騎腳踏車、學游泳、跆拳道、乒乓球、網球……等等智能或是體能的活動都充滿了好奇，願意學習，長大進入青少年時期也開始對生命的意義、生理的變化充滿好奇及探索的精神。但是也可能會對網咖、電動玩具、抽菸、嗑藥……等等充滿了新鮮感，躍躍欲試。因此，慢慢長大至成年前期，開始面臨更多的

試探，如一夜情、搖頭丸、飆車等等。也有的將方向轉為試煉自己，接受學校領導任務磨練或工作的挑戰。

有勇無謀的好奇小貓咪的第二個特質是：容易接納並相信別人。這樣的孩子，很容易接受任何人給他的任何東西，包含評價、建議……等。認為別人都是對的，所以把別人的話全部聽進來了。因此很容易受人影響，優點是有機會改變，但缺點是失去自己的主見或方向。

● 保守安穩的害羞章魚

對新環境的接受度較低或閃避的孩子，稱他為「保守安穩的害羞章魚」。第一個特色是：接受度較小，第二個特色是：所需觀察時間較長。

對新環境反應退縮的孩子，對於陌生的事物，較不那麼願意去嘗試，總是要遲疑一下、看一下、感覺一下或是觀察一下，才願意慢慢的跨出第一步接觸外界。因此有時候，我們會覺得這樣特質的孩子很內向，例如：當阿姨或是隔壁鄰居來了，拿了禮物就走，都不和人家說話，也不敢跟別人說聲謝謝，這時大人常常會說：「我的孩子真是又內向又害羞！」

 正向看待不同的特質——優缺點

◆ 【正面的看法】

趨性高：對於第一次見面的親戚、情境或從沒吃過的食

物，都能接受。

避性高：對於陌生的危險地方或陌生人，都能夠有所警
　　　　覺，比較不容易發生危險或受騙。

【負面的看法】

趨性高：由於對陌生人或危險的地方都能欣然接受，即使
　　　　帶來不好的影響也無所謂。

避性高：對於陌生人、地方或活動，會退縮不敢參與，讓
　　　　人錯認孩子不懂禮貌或膽小。

其實每個特質都有正反兩面，在不同的成長階段、不同的
環境，產生不同的功能，沒有絕對的好或不好，而是要了解孩
子的天性，接納他自然的反應，而鼓勵他嘗試做不同或適合的
反應，而不是固著於自己原有的習慣反應，試著依不同的情境
做出不同的反應與策略。

保守安穩的害羞章魚，比較不會那樣直接的快速地接近新
的人、事、物，可是他的好處是等到青少年的時候，人家問
他：「抽菸很好耶！很好喔！你要不要嘗試？」他會說：「我
不要，我不敢。」換成有勇無謀的好奇小貓咪，可能馬上拿起
菸來就要嘗試，覺得自己好像很棒的樣子！「你要不要試試飄
飄然的感覺？」當同伴提供安非他命或搖頭丸時，有勇無謀的
好奇小貓咪的危險性就提高了！

對於保守安穩的害羞章魚，由於不願嘗試新事物，在小時

候，父母會比較容易用負向的眼光看待他們的特性，當他在旁邊看別的小朋友玩，自己卻沒有加入，有可能被貼上內向、膽怯的標籤。但是長大進入青少年，反而就有好處，父母不用太擔心他們誤入岐途，因為他們可以穩住，對毒品說「No」。

每個特質都有它本身的特殊功能及優缺點，那我們怎樣看待？不要把孩子看待成一定這樣就是不好，一定這樣是好！遇到不同事情，有正負兩面，那麼我們需要留意每個時空、每個成長時段的不同，都要陪伴他，了解特殊的困難。

由於趨性反應低的孩子，容易讓人誤認為膽小、不主動或沒興趣。他的退縮、害怕、不容易改變，有可能會錯過好的機會，面對這樣的孩子，我們在讚美的時候，就要多一些肯定、多花一點心力在上面。而趨避反應低的孩子，他的正面反應就是面對危險的東西，能夠提高警覺，不容易發生危險；趨避反應高的孩子，由於他大膽接近，好處就是能夠很快和環境互動，很快的學習最好的東西，而退縮害怕的孩子，學習速度就會比較慢，容易喪失最好的機會。

傾向遲疑、不願意接觸新環境的孩子，在比較不好的環境下，就比較不會受傷害和干擾，因為他比較不好奇、不易探索和參與，或者說他的參與速度很慢，比較不會嘗試新的事物，所以被傷害和干擾的機率也較小。例如：玩電動玩具、搖頭丸、一夜情……等。然而，欣然接受新事物的孩子，一下子就參與其中，玩得興高采烈；如果是一件不好的事情，那麼他也可能已經參與在內了！

正確引導好奇小貓咪
耐心鼓勵害羞章魚

對於有勇無謀的好奇小貓咪，欣賞他對人的信任、對事物的好奇心，鼓勵他智謀與策略的發展，在行動前先想一想，養成沉思的好習慣。

對於保守安穩的害羞章魚，給予他較長的時間適應新團體的陌生感，或帶領他多接觸環境。欣賞他的謹慎小心及思慮，耐心的鼓勵他行動再行動！

當孩子不敢馬上與別人接近時，思考孩子的困難在哪裡？可能他有什麼想法，或是他搞不清楚狀況，或是反應比較慢一點……等等，這是我們要了解並協助的，而非一味的去指責、要求。

敏銳的變色龍／固執的驢

適應性的定義：孩子面
對新的人、事情、情況
或場所的適應過程之難
易程度或時間長短。

如何了解孩子的適
應性高或低？

孩子第一次見到新
事物、新情況時無論是
表現出「接受」或「退
縮」的態度，接下來都要面對一連串適應的過程。在此過程
中，孩子表現出的是自在或困難，以及適應時間所需的長短，
稱為「適應度」。適應度低的孩子，建立新的習慣、新的環境
及團體生活都較困難。例如：在嬰幼兒期時，當換床睡覺或是
更換保母時，有的孩子在幾次嘗試後就可以接受新狀況；有些
則是多方嘗試，都無法接受，哭鬧不停。

適應力與趨避性不同，趨避性是指當碰到新的人、事、物
時的傾向，是前進接觸或是懷疑退後的反應，而適應力是指之

後的適應如何。要花很長的時間才能進入這個環境？或是只要花一點點的時間就能進入狀況？如果只要花一點點的時間就能適應，表示孩子的適應力很好；若是他花的時間很長，則表示他的適應力比較不好。有的孩子喜歡與人接觸，但是適應力低，要花很長的時間才能建立良好的適應。

特質的差異

敏銳的變色龍透過觸覺的敏銳，察覺環境的變化，調整自己，快速融入環境；

固執的驢不高興，或是主人待牠不友善時，脾氣一發，不管怎麼拉都拉不動，是不太容易改變的。

● 敏銳的變色龍

適應力高的孩子，適應新的人、事、物時，比較不會有不愉快的反應，通常在短時間內就融入新的團體裡。敏銳的變色龍，其天性是對周圍環境有敏銳的察覺力，並且隨心所欲的改變膚色與環境相同。因此適應性強的孩子較能夠馬上進入新環境裡，接觸並接受新環境，也比較容易受到環境的影響。如果環境好，對孩子的影響是正向的，如果在風氣不好的環境裡成長，孩子得到的是不良的影響，例如：青少年最容易受到同儕之間價值觀的影響。

在孩子的青少年期時，你的孩子如果適應力強，他很快的察覺到「班上的同學多半都去染髮，我也必須如此，同學、同

伴才會認為我們是一夥兒的」；希望身為父母的，能夠了解青春期的孩子為什麼會有這樣的行為與需要。

●固執的驢

適應力低的孩子不會因環境的改變，就馬上換裝來符合環境的要求。孩子不會因同學穿短裙，就要穿短一點的裙子；不會因其他小朋友有 Hello Kitty，堅持也要有 Hello Kitty；也不會因鄰居有皮卡丘，也要有皮卡丘；不會因別人頭髮有染色，就要去染色。這是他的優點，我們要去觀察，試著去了解孩子的優缺點。

適應低的孩子容易引起負面的評價：「怎麼不勇敢一點、大方一點！」

事實上，這種孩子可能需要的只是更多的時間、更多的熟悉感，他才能順利的進入這個環境，所以我們可以提早在他進入這個環境之前，讓他有機會先了解、接近這個新環境。

正向看待不同的特質──優缺點

 【正面的看法】

適應性高：對於任何人、事、物都能馬上接受，尤其是在學習新事物上，比其他的孩子容易進入狀況。

適應性低：對於不好的事情，需要花一段時間才能接受，不容易受到不好事物的影響。

● 【負面的看法】

適應性高：雖然能適應任何的人、事、物，但對於不好的
　　　　　事也照單全收，如打人或嘲笑他人。

適應性低：對於學習新事物，需要比他人花較長的時間才
　　　　　能接受。

 協助適應力低的孩子接觸陌生的環境

　　如果你的孩子還小，尚未到幼稚園的年齡，早一
點帶他到幼稚園走一圈，甚至有機會讓他和其他的小
朋友講講話；如果你的孩子大了，已經上國中或是高
中了，他要念哪一個學校、哪一個科系？你也可以開
始讓他有機會去接觸，不要只是理論上的了解而已；
或是可以找孩子的表哥、表姐等兄長，來家裡討論一
下，某某學校長什麼樣子，問孩子要不要和他們一起
去學校看一看啊？所以，讓孩子在進入一個新的環境
之前，有一個預先的準備期，這樣可以幫助適應力弱
的孩子較易進入一個新的環境。

　　如果你自己本身也是一個適應力較弱的人，將來
有一天，也許你需要到一個陌生的環境工作，對於新
的環境你會比較退怯、不確定，那你自己就可以先到
那個環境走一走、去辦公室看一看、去洗手間走一
走，讓自己熟悉一下這裡的人、這裡的辦公文化等
等，因為每個辦公室、每個學校、每個系的氣氛不
同，等熟悉之後，適應力弱的人就會比較容易進入新
環境，而這也是我們可以幫忙自己的。

 ## 善體人意的狗狗／行動緩慢的犀牛

引起反應之刺激量的
定義：引起孩子反應
所需要的刺激量，包
括視、聽、味、嗅、
觸及社會覺（指察言
觀色的能力）。較為
遲鈍的孩子需要強烈
的刺激量，而敏感的
孩子容易有反應。

 ### 如何辨識孩子的情緒特質？

在幼兒時，可透過以下的觀察來辨識孩子敏感度：

聽覺部分：嬰兒對輕柔聲音敏感嗎？對於較大的聲音反應
如何？會聽到隔壁傳來的聲音嗎？對電視音量大小，反應如何
呢？

觸覺部分：會對緊身或毛毛的衣服表示不舒服嗎？若衣服
上有標籤，會有不適的反應嗎？

外界刺激強度有多少，才能激起孩子做出反應？對環境的

敏感度是高或低呢？容易聽到周圍微細的聲音、敏銳的感覺到空氣氣味或溼度的變化、或很快速的察覺到同學朋友之間些微的改變，這是敏感度高的孩子。如果敏感度很低，可能不易捕捉住環境中或人際中輕微的訊息。

　　例如：有人從空氣中的溼度或涼意，察覺到快下雨了，他就知道要帶雨衣；有的人即使外面已經霹靂啪啦下雨了，過了很久才問：「是雨水嗎？」「還是冷氣孔滴下來的水？」「或是樓上的人家在澆水？」反應低的孩子容易讓人誤解為遲鈍或漫不經心。

 特質的差異

　　善體人意的狗狗對周遭環境的覺察很敏銳，對主人的情緒很敏感；
　　犀牛因為對環境較不敏銳，所以行動反應較為緩慢。

● 善體人意的狗狗

　　敏感度高的孩子會自然注意到他人的情緒與行為反應的不同，如高興、悲傷、生氣等。容易察覺到父母的內在心理需求，常會投其所好，成為父母心目中的貼心兒。

● 行動緩慢的犀牛

　　敏感度低的孩子對於環境中訊息改變的反應常是慢一拍，

甚至有時不知不覺，讓人覺得此人沒反應。

 正向看待不同的特質──優缺點

◆ **【正面的看法】**

　　敏感度高：會敏銳的覺察到別人高興、悲傷或想法改變等
　　　　　　　事情；容易了解他人情緒的轉變。

　　敏感度低：不會察覺到大人臉色的改變，或者床單換了、
　　　　　　　教室有些改變都不知道，對於周遭的改變不會
　　　　　　　介意。

◆ **【負面的看法】**

　　敏感度高：對環境有一點點改變，或尿布有點濕，馬上就
　　　　　　　有不舒服的反應。

　　敏感度低：對於環境中重要訊息的改變常顯得不知不覺，
　　　　　　　如警報器響了或瓦斯外洩。

案例

●●● 適度發展自己的優勢

青少年時期，由於生理赫爾蒙變化，自我認同的掙扎議題，常常情緒起伏很大，敏感度高的孩子會很快的察覺同學間互動關係的變化。小華在女校中學就讀，全校學生住校，彼此互動的時間與機會很多。有一次，曉育和小婷在鬧彆扭，不講話，敏感度高的小華就注意到，雖然小華個頭小小坐在前排，卻注意到坐在教室後排的兩個高個兒同學臉色怪怪的，氣氛不太對勁。小華觀察到平時一下課，她們兩個人就很有默契站起來，不約而同走向廁所，也常看到她們兩個人下課時，一邊喝水，一邊聊得有說有笑的，怎麼現在卻各自坐在自己的位子上，一個臉色臭臭的，一個哀傷落莫的表情？然而，坐在小婷旁邊，敏感度低的小芬卻一點也沒感覺到異狀。小華對人際關係敏感度高，會注意到細微的互動行為的改變及些微的情緒變化；後來，她依隨著對人類行為的好奇及自己的高敏感度，繼續研讀及學習人類行為表達的變化意義與方式，在成年期時成為優秀的心理輔導員。

 誘導孩子去觀察並同理他人

對於敏感度低的孩子，平時在聊天談話中，引導孩子去注意到周遭他人的行為與情緒反應之變化。

怒吼的老虎／溫馴的小兔

反應強度的定義：孩子對於內在或外在刺激所產生的反應激烈程度。

如何知道孩子的反應強度高或低？

反應度強大的孩子高興時的反應是大叫大跳，生氣時是大哭大鬧，常讓人受不了，也容易高估他的本意；反應強度低的孩子情緒反應不明顯，不容易引起別人注意，實際需要常被忽略。

特質的差異

反應強的孩子常常大笑、大哭，情緒反應比較具爆炸性，就像是怒吼的老虎；

反應弱的孩子通常是微笑、低聲哭泣，情緒反應是溫和的，就像是溫馴的小兔兔。

孩子遇到高興的事物，或是遇到一點點的事情就哈哈的笑

個不停，這就是反應度強的孩子；同樣的，一件難過的事情，例如：他吃不到棒棒糖、吃不到冰——「哇！」大哭，這就是反應度強的孩子的表現。

然而，反應弱的孩子遇到高興的事物，會很單純、很溫柔、含蓄的微笑，就表示他花很少力氣、反應度很弱。如果因為吃不到棒棒糖，並不會大哭，只是嘴巴會嘟得高高的。

● 怒吼的老虎

反應強度大的孩子，常會給人家什麼負面的感覺呢？折磨人的、吵鬧的、引起別人對他強烈的反應，可能造成親子之間的不和。例如：孩子吃不到棒棒糖會馬上哭得很大聲，使老師馬上注意到他，就可以幫他排解；反應強度高的好處是，他的需要很容易被人馬上看見或聽到，照顧他的人，或者是在他身邊的人，就比較容易清楚的了解到他的需求，並適時提供適當的滿足方式。

● 溫馴的小兔兔

反應低的人，因為他的表達力微弱又比較不敢說，因此他的需要比較沒有被呈現出、被照顧者接收到，漸漸長大後，不知不覺的就忽視自己的需要。常常看到反應弱的孩子嘴巴嘟得高高、不說話，兩串眼淚都快掉下來了，父母和老師仍在處理又會叫、又會吼的老虎，而忽略了小兔兔的需要與情緒。

 正向看待不同的特質——優缺點

 【正面的看法】

反應強度高：身體如果有任何不適，馬上能警覺到他的需
要。

反應強度低：情緒平穩，不會大哭大笑，很容易相處。

●【負面的看法】

反應強度高：一生起氣來就拳打腳踢，甚至嚎啕大哭，蠻
不講理，讓爸媽覺得非常困擾。

反應強度低：如果身體不適，無法知道他的需要，不能及
時給予協助。

反應強度大的孩子，雖然有時讓人受不了，但情緒表達明
顯，給人感覺較為開朗。了解孩子的天生氣質可以紓解父母一
些沉重的情緒負擔，當父母能了解孩子的某些行為並非出自有
意、敵意、懶惰或愚笨，而是由於與生俱來的特質時，可減低
對孩子的焦慮感、敵對或愧疚的情緒及不合理的期待。

對於反應強度比較弱的孩子，因為小孩的表達不夠清楚，
又不堅定，父母就要特別敏感到孩子內心世界的需求是什麼？
有沒有被我們大人聽到或注意到？

當孩子長大到青少年期時，常會遇到孩子一進門就臉臭臭
的，好像很鬱率，心裡納悶著：「不知道今天學校裡頭發生什
麼事？」正要開口去問是怎麼一回事時，電話正好鈴聲響，看
見他馬上接起電話說：「哇！」接著笑呵呵的。前一秒臭臉與
後一秒笑容怎麼差那麼多？的確，在青少年時期，孩子的反應
都會傾向劇烈變化，這是正常的。青少年有青少年的狀況，特

別是他們有一些週期性影響的關係；女生如此，男生也是如此，一些生理上、情緒上、赫爾蒙特殊的影響。

　　氣質其實無所謂「好」或「壞」，上述的說明是偏重比較容易引起困擾的一面，但在某些情況下卻也可能變成對孩子有利的特質。家長如果了解孩子的氣質，就能夠更清楚的知道為何孩子在某種情況下會有某種表現，這不但可以幫助您減少對孩子的誤解及不合理的期待，更進一步的也使您能夠依孩子的特性，適當的去教導他、培植他。

 對著自己的影子罵「不要罵人！」

　　在晤談室裡，我常聽到父母憤怒的抱怨「我罵他都不聽！打也不聽！不准他再打弟弟！」當父母一邊大聲吼叫，一邊打小孩，卻要小孩不可以再打弟弟或妹妹，這是很矛盾的。父母一方面相信用力打罵小孩，小孩才會順從聽話，一方面又要他的小孩不可用相同的方法去對待他的手足；這讓我想到我們對著影子罵「不要再罵人了！」一樣，令人匪夷所思！

　　反觀我們大人也是一樣，當工作或經濟有壓力，情緒的反應大時，就像一隻令人聞風喪膽的發威老虎。我們的反應可能是，前一分鐘在路上碰到某一個親戚、朋友或鄰居還講得很高興，後一分鐘回頭看到自己的兒子不小心一腳踩到爛泥巴，就立刻大發雷霆，臭罵他一頓！

　　有時，當我們靜下心來，仔細端看小孩，有沒有注意到小孩的情緒反應跟自己很像呢？一下子心情很好，一下子又很難

過或生氣。有時本來很高興的坐在家中看電視，看到連續劇很好笑，一見先生進來時帶著臭臉，馬上也臉臭臭的給他看，因為你不知道他等一下是不是要發飆，你就先擺個臭臉給他看，先下手為強。像是在告訴他：「我的日子也不好過，你最好不要跟我講有的沒的，或是亂發脾氣！」

所以，你有時會很驚訝的察覺：「我的兒子、女兒怎麼變臉變得那麼快呢？發起脾氣來像極了他老爸或老媽？」這時，不妨照照鏡子，看看自己是不是也是這樣！

孩子就像是我們的影子，孩子從我們身上學到很多特質，如果我們願意做一點改變，孩子也會跟著改；孩子會察覺到：媽媽最近好像比較不會發飆。所以，在快要生氣之前，做一個深呼吸，做幾個運動，或走到廚房裡、浴室裡，再走出來之後，就會發現，臉色不一樣囉！當孩子敏銳的觀察到父母情緒反應的不同，也就是他們從父母身上學習情緒管理的開始。

 疏導老虎的憤怒，鼓勵小兔兔發聲

反應強的孩子：要常常疏導情緒，避免累積太多的情緒，使其反應強度增加。

反應弱的孩子：要留意孩子未表達的需要，不要忽略他聲音所表達的需要與意見。

開心快樂的小鳥／愁眉苦臉的沙皮狗

情緒本質的定義：孩子在一天清醒的時刻中，所表現快樂、友善、和悅等正向情緒和不快樂、害怕等負面情緒表現的比例。

如何辨識孩子的情緒特質？

在生活中觀察孩子睡前、剛醒來時的情緒，以及飯前、吃飯時、飯後不同的情緒表現；或穿新衣、見到家中來訪的客人、見到熟人的情緒反應。孩子一生下來的時候，臉上的皮膚由於脫水還沒有很豐潤，有時候表情看起來像個老頭子，似乎已歷經人世間所有的滄桑苦難；雖然才剛生下來沒幾個小時，一下子皺眉頭，彷彿苦思不解人世間的苦，一下子哀傷的表情，一下子又笑得很高興，讓人覺得他似乎嘗盡人世間的悲歡離合。

慢慢的，幾個星期後，有的孩子天生比較容易開心、快

樂、正向開朗；有的孩子就會比較不安、煩燥，好像不管怎麼照顧他，他都會有一點不高興、不舒服，甚至找不出原因就哭個不停，這就是負向的情緒。

如果孩子的情緒本質傾向負面，容易引起照顧者的不愉快與挫敗感：「不管我如何照顧你，你都不高興，一直哭個不停！濕答答的尿布也拿走了，剛剛也吃過了，牛奶也沒有太熱或太冷，那到底是哪裡不對勁？」讓照顧者產生很多挫折感！

如何觀察孩子究竟是正向的情緒較多？還是負向的情緒較多？例如：在孩子睡覺前，是帶著什麼樣的心情睡覺？醒過來的那一剎那，是馬上對你微笑呢？還是你還沒看到他，就已經聽到他「哇！哇！」的哭聲了呢？由此就可以了解孩子天生的性情，而這當然和懷孕的過程也有關係。

懷孕的階段也會對孩子造成許多影響，有些是孩子天生的氣質，但是後天的影響也有其重要性，因此胎教是很重要的。也就是說，在懷孕的過程中，若是正好結婚沒多久就有了小孩，甚至是奉子之命而結婚的，經濟尚未穩定，夫妻也溝通不良，沒有達到某種程度的共識感；若又與公婆住一起，勢必要面臨很多的衝突與爭執，那麼壓力就會很大。

由於剛進入新的家庭，要適應新的家庭成員、家庭規則、新的環境，再加上身體上的巨大改變——肚子漸漸大了起來，常常容易產生很不好的情緒，因而情緒的起伏會影響肚子裡的嬰兒。有的太太在新婚時感覺委屈，就往娘家跑，跑來跑去的，容易因為路途所造成的身體疲累、情緒波動、動盪不安，

而使得肚子裡的嬰兒也經驗到了那份波動與不安；通常這樣的狀況，嬰兒生下來後，會比較容易感到不安，睡覺的時候很難入睡，或者是好不容易睡著了，輕輕蓋個被子，他就馬上醒了！或是母親已經抱著他睡著了，換一個姿勢，孩子就又醒來了！這些不安都可能是在懷孕期時，受到母親身心靈的不安所影響。

 特質的差異

小鳥是一隻天天開心、快樂的開朗小鳥，經常微笑、開懷大笑，給人友善和溫暖的感覺；

而沙皮狗天生就一副愁眉苦臉的模樣，給人不愉快、不友善的感覺。

● 開心快樂的小鳥

情緒正向的孩子常常笑嘻嘻，人見人愛；然而常常嘟嘴不開心的孩子卻容易使人誤解他在生氣而不願接近他，間接的影響到人際關係。孩子如果有很多正向情緒，比較容易討好人們，也比較容易建立好的關係。

● 愁眉苦臉的沙皮狗

每個嬰兒被生下來時，就帶著他獨特的氣質，有的小孩看起來就比較憂鬱、不安，大人需給予更多的耐心，去包容他的

不安和不自在。如果孩子負向的情緒比較多的時候,我們就必須花較多的心思在他身上,同時跟他相處時也比較容易有情緒。

正向看待不同的特質──優缺點

【正面的看法】

情緒本質傾向正向:天天笑嘻嘻,滿面春風,人見人愛。

情緒本質傾向負向:關心度較高的爸媽會常詢問他身體是否不舒服、心情是否不好。

【負面的看法】

情緒本質傾向正向:天天笑嘻嘻,但不易看到內心是否有不愉快的事情。

情緒本質傾向負向:一張臭臉,讓人覺得欠他幾百萬似的,不是十分快樂,也不易令人親近。

案例 ❶

●●● 半夜哭鬧不停的嬰兒

　　小萍在二十二歲那年的一次出差中，遇見一位年輕的原住民，相戀三個星期後，就獻上自己的第一次，三個月後，嘗試將男友帶回家中給父母看，父母因為對方是原住民而激烈反對。然而，兩個正在熱戀中的年輕人，並沒有因為父母的反對而減弱對彼此的熱情，反而因反對而更加火熱的在一起。一個月後，小萍哭哭啼啼的要結婚，母親大怒，不惜以母女關係威脅停止交往。

　　小萍忍著與母親關係的決裂，執意要結婚。結婚四個月後就生下第一個小寶寶。夫妻的關係從單純的熱戀掉到地獄般的痛苦，爭吵愈來愈多，也愈來愈激烈。在懷孕及小孩的第一年，小萍常常在花蓮與桃園兩地之間來回奔波。

　　有一天，小萍抱著十個月大的嬰兒，傷心疲憊的走進我的晤談室，談著瘦弱小孩的不安情緒、常常半夜哭鬧不停……等問題。

　　經過同理與探索後，小萍才恍然大悟，孩子的不安多半與自己的狀況有關，受到懷孕時的不良影響及現在身心狀況的負向影響，並非孩子故意作對，也不是智力偏低，而是需要小萍多些耐心去建立孩子的安全感。

●●● 欠揍欠罵的小孩

　　某個颱風天，小琦來談大女兒的不良適應行為，在學校常常跟同學起衝突，甚至隔壁班的同學也要來跟她打架，女兒似乎長得一付欠揍的樣子。整個會談中，不斷的聽到小琦訴說老大多不聽話，多不受教；而老二的乖巧跟老大截然不同。

　　經過探索後，了解當年她懷老大時，剛跟先生結婚，又跟婆婆處不好，好幾次想離婚算了，但是因為懷有身孕，就又忍下來留在這個婚姻中。那個時候，小琦常常半夜獨自哭泣，很希望不要有這個孩子，這樣就可以離開這個家庭，重新開始自己的生活！當這個孩子生下來的時候，小琦一看到這個女兒，莫名的厭煩與憤怒的情緒就湧上來，就更別說去照顧她！

　　兩年後，懷了第二個孩子，夫妻倆也搬出來住，減少了很多婆媳之間的衝突，先生也不再那麼為難的夾在兩個所愛的女人之間，夫妻感情透過了解與溝通，也好多了。小琦了解婆婆的個性，也比較好相處，再加上兩年後的經濟稍為穩定點，沒那麼困苦了，生了第二個孩子又剛好是兒子，哇！她就覺得好喜歡這個兒子。

　　小琦透過這樣的探索後，了解到她為何無法疼老大；而老二只要輕輕一笑，小琦的世界就全開了！這都是和當年的胎教有關係，跟當時處在什麼樣的環境也有很深刻的影響。孩子是否是您期待中生下來的？您是否歡迎他的到來呢？

當然，每個孩子都帶著他獨特的天生氣質，但是父母怎麼看待他，也會影響到他天生氣質的發展；若無條件的接納，親子之間的關係就比較會有好的發展。

多些耐心和愛心包容愁眉苦臉的沙皮狗

　　情緒本質傾向負向的孩子，身為他的照顧者要特別有耐心與愛心，並要了解到孩子負向的情緒反應並非針對你個人，而是他的特質。特別去同理與接納他的情緒反應，協助疏導負向情緒，教導適度表達情緒。

享受小孩天真的快樂

　　與孩子一同嬉笑，欣賞孩子的天真，享受孩子的快樂。

專注的螳螂／東張西望的鼬鼠

注意力分散度的定義：孩子是否容易受到外界刺激的干擾而改變他正在進行的活動。

如何辨識孩子注意力分散度的高低？

坐不住、手腳動不停，或到處走動的孩子，就是注意力分散度高；而在沒有干擾的狀態下，孩子能持續完成一項活動，表示注意力分散度低，專注力高。

特質的差異

螳螂專注的看著獵物，而忽略周遭環境的變動；
鼬鼠的個性就很不同，不容易專心，容易受到環境的吸引而東張西望的環顧周圍。

 專注的螳螂

螳螂靜止凝神專注的模樣好像在祈禱或是被點穴無法動彈，而專注力高的孩子投入他所注意的事件中，有時會忘神，而忽略外在環境的變動。

● 東張西望的鼬鼠

如果孩子的注意力容易被分散，但又是一個有堅持度的人，他一樣會完成工作；但如果孩子容易分心，並且堅持度低，那他就容易四處玩，不容易回到原本手上做的事情。

容易分心的孩子由於不容易專心，很容易受到干擾，常會忘了回到原來正在做的事情上，而像個多頭蒼蠅似的沒組織、沒重心。如果孩子是一個分散度低的人，就比較容易忽略外界的一些訊息。例如：一進門，爸爸臉色很難看，而孩子根本沒看到，還在玩，根本沒聽到爸爸甩門的聲音，或注意到今天跟平常走路的聲音不一樣；但如果孩子是一個注意力高的人，就會注意到爸爸的聲音不一樣。

有時候注意力分散度低的孩子，也容易忽略我們父母給予的一些警告。正面的看法是：注意力分散度高的孩子，在他還是嬰兒的時候，很容易安撫他。例如：難過時，只要你拿個小玩具給他，聽到叮叮咚咚的聲音，他等一下就很快忘記難過，被新的事物給吸引，容易分散、轉移他的注意力。注意力低的孩子，不管你怎麼做，他都不容易被你安撫，好像他會停留在他的難過或不舒服裡很久；可是，他的優點是在吵雜的環境當中，仍然能夠很有效率。

正向看待不同的特質——優缺點

【正面的看法】

注意力分散度高：爸媽咳嗽或教師粉筆用完了，他會比別人先覺察到這些事。

專注力高：能專心做一件事，不易受外界干擾所影響。

【負面的看法】

注意力分散度高：做事或上課都不容易專心，易為外界事物干擾而分心。

專注力高：太專心做自己的事，沒有察覺到外界環境的變化，例如：似乎沒聽到爸媽在叫他。

耐心的提醒容易分心的小孩

當孩子分心時，照顧者要給予適度的提醒。

當孩子從分心到專注，並給予肯定與鼓勵。

培養專注力

專注力低的孩子，無法專注完成一個作品或活動，就需培養專注力。因為集中注意力的時間很短，所以要用分段學習法，每次學習的時間以他能專心的長度為主，不用太長，學習的次數可以漸漸增加。學習環境盡量保持簡單，避免太多的干擾產生。當他完成工作時，馬上給予鼓勵、讚美或擁抱，以增強專注的行為。

 ## 永不放棄的鬥牛／隨和的蝸牛

堅持性的定義：孩子想要或正在做某些事情時，若遭遇困難、障礙或挫折時，繼續維持原活動的傾向。

 ## 如何辨識孩子堅持性的高低？

當孩子正在做或想做某件事，卻遇到外來的阻礙時，愈能克服此阻礙而持續下去的堅持度愈高，堅持度高的孩子遇到困難會堅持下去，直到完成；堅持度低的孩子一遇到困難，就容易放棄或常常中途而廢。

特質的差異

西班牙的鬥牛面對紅布時，永不放棄的衝撞，直到倒地為止，這是堅持度極高的精神；

隨和的蝸牛遇到有阻礙時，就轉變方向，或停留在原地。

● 永不放棄的鬥牛

堅持度與專注力都高的孩子，對手邊的事情就會顯得過度的專注與執著。堅持度高的孩子，在生長學習的過程裡，可能常常堅持要完成手邊的事情。例如：他正在玩積木，你跟他說：「不要玩了！趕快來吃飯。」他就會和你說：「不要！我要把它堆成城堡。」因此，當你遇到堅持度高的孩子時，會容易覺得挫折，而孩子也覺得很挫敗：「為什麼我不能把這個東西完成？我正在建一個很重要的堡壘，而且就快完成了。媽媽跟爸爸為什麼不能等一下？」

然而，在大人的眼中：「堆那幾塊積木有那麼重要嗎？不是和昨天玩的一樣，就是幾塊積木堆上去而已！」可是，在孩子的心靈世界裡，就是很重要。堅持度高的孩子，就覺得一定要把它完成，因此容易引起衝突。如果這時候你使用你的權威強制他聽從，而放下手邊的事去吃飯或是洗澡，阻斷他的堅持度，久而久之，他是會配合你，但是也失去了對理想及信念的堅持度。

從西班牙鬥牛比賽中，我們就可看到那份勇往前進的堅持力、不怕困難的蠻勁；適當的導引孩子的興趣，將這股堅持力轉向好的方向發展。

● 隨和的蝸牛

堅持度低的孩子就像蝸牛，一碰到東西就轉向，不會像鬥

牛一樣猛衝撞，而是尋找另一個方向。有些孩子變得容易放棄，那可能是因為學習環境中，遭到多次的打擊或失敗所學習來的無助感，促使他沒有努力，就很快的放棄。

正向看待不同的特質──優缺點

【正面的看法】

堅持度高：在學習或課業上遇到困難時，會試著去解決，不易放棄。

堅持度低：對於自己喜歡做的事情，若有違反父母的意願，孩子的配合度都很高。

【負面的看法】

堅持度高：孩子一定會把事情做完才肯罷休，如果叫他放下手邊的工作，配合大人的生活作息，他總是十分不悅，配合度低。

堅持度低：在學習或課業上遇到困難時，很容易放棄，不會堅持下去。

案例

●●● 玩得忘神的專注小孩

　　筱玉跟往常一樣匆匆忙忙趕著下班，快速的飛奔到安親班接小孩，再趕到黃昏市場買菜，一踏進門就往廚房衝，急著要趕快煮飯。好不容易煮了一桌的飯菜，希望一家子能吃到熱騰騰的菜，於是快煮完時就開始叫：「吃飯喔！吃飯喔！」結果呢？沒有人回應。原來那專注力高的孩子正在堆積木，家裡的老爺子也正在看電視新聞，於是筱玉在廚房用力吼：「吃飯了！」仍然沒有任何反應，小孩專注於手中所玩的積木和建構腦袋中的新奇世界，因此沒有聽到外面媽媽迫切呼叫的聲音，這時，這個盡責的媽媽生氣了！氣呼呼的走過來一巴掌打下去：「死囡仔，我叫你那麼多聲，你是聾子？還是裝傻？都沒有回應！」

　　這樣的處理方式，孩子被驚嚇了，覺得挫折、害怕！當孩子專注於某件事情上，而沒有注意到身外世界的變化就會遭殃，如此，孩子就不敢太專注執著於某件事情；這對小孩學習與成長有什麼影響呢？有！有很重大的影響！當孩子進入小學之後，你開始責怪他：「為什麼做功課時總是不專心，東張西望的？」其實那是因為孩子不敢專注到忘神，害怕自己沒有注意到外界正在發生的事情，深怕自己遺漏了什麼；所以總會東張西望看看身旁周遭的人、事、物，並且豎起耳朵來耳聽八方。

走近孩子身旁，輕輕拍他一下，告知還有五分鐘

　　對於堅持度較高的孩子，大人要尊重他，給予他「完成事件的權利」。對於堅持度高的孩子，活動前，要先溫和堅定的告訴他時間和範圍等相關的合理限制。建議的方式：走近孩子身旁，輕輕拍他一下，告訴他：「現在要吃飯了，我讓你有五分鐘的時間去完成你的事情，五分鐘過了之後，我們就要一起吃飯。」孩子就會儘量在這五分鐘之內完成所有的事情。在此要特別提出來注意的地方是：輕輕拍他一下，要輕拍，不要用力拍或大聲叫，這樣會驚嚇到專注的孩子；也不要在遠遠的地方吼，當孩子專注於他的內在世界裡，可能沒有聽到你的訊息。

　　堅持度低的孩子，雖然比較不固執，較好溝通及妥協，但是，遇到困難或阻礙容易放棄。因此，協助容易放棄的孩子要循序漸進的學習，輔助容易放棄的孩子克服困難得到成功的經驗，只要有一點進步就要予以鼓勵。增加堅持度，鼓勵完成事情，當你希望他能完成一件事時，要協助他將事情分段處理，分段完成，一小段、一小段的完成它。

 找出對他有吸引力的東西，鼓勵容易放棄的孩子

　　對於容易放棄的孩子，耐心的找出能吸引他的東西。當孩子覺得挫折或失去興趣時，陪伴他並適度的引導。

 結　論

　　接納孩子獨特的天生氣質，發覺優點，協助克服缺點。父母就是小孩最好的老師。然而，有的小孩叛逆性較強、不聽管教；有的小孩則乖巧懂事、人見人愛。除了小孩的本性所造成的差異之外，家庭教育、學校教育及社會環境都會對小孩造成莫大的影響，其中又以家庭教育的影響最大。

參、暴風雨篇
化解日常生活中的衝突

 出門前的戰爭

　　生活中常見到的，出門前的爭吵。在家門口、鞋櫃旁，很容易看到焦急的母親與兩歲大的小孩在爭執。

　　媽媽早上趕著要出門上班，心裡想著：「再五分鐘就要遲到了！今天老闆會早到，不能遲到！」小可汗穿著奶奶送給他的新衣服──藍白相間的上衣，以及藍色的短褲，坐在門前說：「我要自己穿鞋子。」媽媽想著：「兩歲多的孩童，哪裡會自己穿鞋子嘛！左、右腳都不會分辨，怎麼穿嘛！」一般父母的看法與感受是：哪有那個閒功夫等你，我幫你穿，省時又省事。急壞了趕著上班的媽媽：「等你穿好，要十分鐘，我幫你穿的話，還用不到十秒鐘就 OK 了！」就這樣，有多少父母認為自己又能幹又俐落，一下子就幫孩子穿好鞋呢！殊不知這麼小小簡單的動作，剝奪了他的自主權，並且傳送了一個訊息：「你不行！」

允許「我可以自己來」──給予孩子建立自信的機會

在兒童發展階段裡，當孩子兩歲時，小孩子正開始發展「自由意志」。什麼是「自由意志」（Will Power）？自由意志是依據身體所感的、心裡所覺的、腦中所知的，自由的選擇自己所要做的決定。兩歲的孩子最常講的話是：「我不要」、「我要自己來」，你叫他把襪子穿好再玩，他會說：「我不要」。因此在這個階段，孩子的意見常與大人的意見不合，所以也常常會使得我們大人很容易生氣。

允許錯誤，讓他自己來

　　辛苦的職業父母，早上出門把小孩交給奶奶或托嬰的地方時，提早五分鐘或十分鐘叫小孩先在門口穿襪子和鞋子。當然他可能會需要一些小小的協助，例如：正在選左右腳時，你可以稍加幫忙，或穿不好時，你可以跟他一起穿，但不是你幫他穿。兩歲半到三歲之間，小孩已學會自己穿鞋了！但是左右腳，可能有時還是會有搞錯的時候。沒關係！現代鞋子設計上左右腳穿反，不會影響太大，所以允許他穿錯一、兩次，無所謂，只是下次在他穿上之前，再教他一次，左右腳怎麼看、怎麼分才分清楚。有的小孩子在穿鞋時，左右兩邊搞不清楚，家長就直接罵：「你的鞋子穿錯了啦！」「相反了！」語氣也呈現了責備及否定；如果試著跟他說：「好像有一點像喔！」這樣你是在幫他分辨這隻腳和那隻腳好像有點像哦！這隻跟那隻好像有點不一樣喔！那孩子聽了這句話就會知道要如何去分辨了！父母的原意是在指引孩子去找到對的，而不是否定他現在所做的選擇和決定，因此我們可以留意自己怎麼跟孩子交談的，因為你允許錯誤會幫助孩子產生自主能力，而你的責備會使孩子產生很多羞愧和害怕哦！

吃藥、打針痛苦時刻

　　古早吃藥打針時，父母會安慰孩子：「藥不苦！」「打針不痛！」「藥不苦不苦，吃下去就好！」鼻子一捏，嘴巴張大，「一下子就好了！咕嚕吞下去就好了！」「打針不痛不痛！」「針一下就好了！」「一下就沒感覺了！」可是，孩子會認為打針明明會痛、吃藥也會苦，那他如何解釋這個衝突呢？「大人說的是對的，我的感覺是錯誤的。」做父母的要怎麼辦？我們要留意我們的言行，要留意我們在傳達什麼訊息！要跟孩子說：「這藥是有點苦哦！打針是有一點痛哦！但是我知道你可以忍住，你有本領，可以承受這點痛。」「你已經長大了，像上次你跌倒的時候會痛，對不對？可是你忍一下後，就好了呀！」他一定有這樣忍耐痛苦的經驗，同時你可以再補充：「這個藥是苦的，沒有錯，可是你知道吃下去就不會發燒、頭就不會痛、就不會渾身熱熱昏昏的不舒服了，也不用再去打針，那你要不要加油一下，勇敢的吞下去！」

真實的面對苦與痛

　　承擔痛苦、經驗痛苦，最後超越痛苦的喜悅與自我肯定！

　　在教育孩子過程中，吃藥、打針是難免的。我們要開始正視在成長中的確會有苦痛，可是我們可以忍受這些苦、這些

痛，使得身體好起來、能力變
強。

　　長大些，當孩子在
學校和同學有衝突，
心情很鬱卒時，而
父母卻告訴他：
「沒關係啦！」這
是在否定他的感
覺，同時傳達出一個
訊息：「你的感覺不
重要！」身為父母的沒有
故意要否定孩子，對待孩子的
方式是學來的，久而久之成了習慣，以為這樣的安慰，可以免
去他的痛苦！

　　其實，更有效的方法是，當你面對他的傷心時，如果你承
認他的難過，然後再鼓勵他從那個痛苦中站起來，這是更有意
義的成長經驗。因為你也是從自己的痛和自己的失敗裡站起
來，孩子也是要從那裡站起來！不要否定他，因為在孩子成長
的經驗裡，有兩股力量讓人改變，一個就是追求快樂，一個就
是逃避痛苦。那我們常常否定痛苦，就不知道痛苦，也就沒有
改變的動力。

　　如果孩子願意承認痛苦而站出來，那他就會改變了，例如：
您的孩子每天躲在教室裡，沒人跟他講話，心裡很難過、很孤

單；您要讓孩子真正的經驗那份孤單、那份難過、那份羨慕與別人一起玩、一起吃東西的感覺。不要擔心，孩子有復原的能力，當你正視、陪伴他的那份落單、那份孤單、那份痛苦時，他會覺得：「我不要了，我要走出來和人玩！」孩子很容易和別人打交道，我們大人比較難，小孩子比較容易，只要他願意，他也可走出痛苦。當然還有另一個誘餌就是追尋快樂，那個快樂是什麼，您也可以引誘他，讓他因為喜歡而願意去做、去接觸。

加一些糖在藥裡，或跟醫師要小孩喜歡的口味的甜藥水。陪著他吃藥，肯定他的感覺，讚賞他有勇氣吃藥。

提醒小孩曾經害怕但是又克服的成功經驗，鼓勵讚賞他可以帶著害怕的感覺，勇敢的去承受打針所帶來的痛。

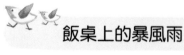

飯桌上的暴風雨

在一般的傳統家裡，很容易看到阿媽或是媽媽、奶奶、阿姨等，拿著碗、湯匙在飯廳或客廳裡追著小朋友吃飯。一口一口的餵進去，一邊用湯匙餵飯送進他嘴巴，一邊罵「自己都不

會吃！」

　　這樣的孩子再長大
些，就會看到一個景
象：當大家在吃飯
的時候，他一下
子就離開餐桌，
一下子就又回來
吃口飯，又跑掉
……；一頓飯要吃
上一個小時！令做
父母的很生氣又氣餒。

　　在孩子兩歲時，就讓他自己學吃飯，在高椅子
（highchair）（設計給小朋友吃飯用的椅子）下，鋪
一張大大的塑膠布或報紙，允許他學著自己吃飯。剛
開始掉落在地上的米飯或菜都比他送進嘴巴的還要
多，但沒關係，他正往成功的路上邁進──自己做自
己的事，自豪自己像大人一樣可以自己吃飯。

　　給予機會讓他充分的發展自由意志，證實自己的
能力與掌控力，發展的好，他會變得很活潑、很自
主，那如果他發展的比較不好，他會變得比較羞愧、
比較懷疑。

牙科診所門前無助的哭泣

牙醫皺著眉頭對小宇的媽媽說：「小孩蛀了十顆牙，有些要做根管治療。今天，我只能先幫她做簡單的治療。」接著，要小孩張開嘴巴，醫師做了一些治療。

隔日再帶小宇去牙醫診所治療蛀牙，她到了門口便開始哭泣，連連說：「我不敢！我不敢！」媽媽努力勸她、鼓勵她進去診所，但她哭著直說：「我也想把牙蟲拿掉，但是我不敢！我沒辦法！」哭了半小時，小宇的媽媽只好放棄，讓小宇帶著牙痛回家！隔天再試一次，她仍是在診所門口哭了半小時，口中直說：「我不敢！我沒辦法！」於是，再一次忍著牙痛回家！

隔天的早上，在幼稚園跟老師提起看牙的事情。幼稚園的

老師建議市區裡有一個牙醫師很好，於是當晚便儘速帶她去。這位牙醫師客氣禮貌問小宇的父母是否願意合作遵照醫生的規則「看牙齒時，父母親不可以在旁邊陪伴孩子」。在束手無策之下配合了醫生，也希望這位牙醫師真有辦法讓孩子能接受治療。於是，大人就留在會客室等候，小孩便被帶進去另一個房間。小宇的爸爸媽媽在等待時，心情七上八下的，終於，看到小宇含著淚走出來。在回家的途中，小宇的媽媽問：「醫師帶妳去另一個小房間對妳說什麼？」孩子含著淚說：「她說：『不可以哭，哭就把你關起來！看不到爸爸媽媽。』」

　　牙醫竟以恐嚇威脅的方法要求小宇順從，否則將被懲罰看不到父母。後來，又換了一家醫院的兒童牙科分部，這些專門醫治兒童牙齒的醫生們不再以恐嚇的方法嚇孩子，反而是安撫孩子的情緒。並建議每次治療一兩顆牙齒，總共花費兩個月的時間，分成八次解決蛀牙問題。也告知大人要有心理準備陪伴她一起度過這整個過程，會耗掉很多的時間（每個星期都要開車兩小時來回這個大醫院，再加上治療時間約一個半小時到兩小時）與精力（陪她經歷害怕的過程），並且要用盡所學的各種招式，全力的來支持與培養她面對逆境困難的力量與能力。

　　所以，在看完牙齒後，小宇的媽媽立即帶小宇去凱蒂貓專賣店，讓她可以任選一樣少於一百元的禮物。孩子在凱蒂貓店買喜歡禮物的心情緩衝了經歷牙醫診治的痛苦。

　　在最後一次看牙醫時，孩子說：「雖然我很怕！也很痛！但是我很勇敢、我很忍耐、我很棒！我還幫牙醫阿姨的忙！」

小秘訣　　前往有兒童牙科的門診看牙齒，他們有受過兒童心理學的訓練，了解兒童的恐懼和擔心，也比較會使用孩子能接受的方式鼓勵孩子忍受痛苦接受治療。

　　一歲以後，要定期做牙齒檢查，約三～六個月主動帶子女前往兒童牙科接受定期口腔檢查，在三歲後要開始塗氟。

　　養成睡前飯後刷牙的習慣，並且不要含著奶瓶入睡。

祖孫之爭：牛奶太燙？

　　在我的小姪女兩歲左右時，有一天她媽媽很忙，就把她交給我媽媽帶，剛好我媽媽也在忙，只好交給我阿嬤（祖母），等於是她的阿祖（曾祖母），一個七十幾歲的老人家幫忙照顧兩歲的小娃娃。小孩睡覺前要喝牛奶，阿祖泡了牛奶給孩子喝，小孩喝時就說：「太燙、太燙」，阿祖拿過奶瓶來搖一搖，然後就說：「不燙，快喝！」小孩子一喝又說：「太燙、太燙」。接下來阿祖就有點不太高興了！囉嗦！再拿過來打開奶瓶蓋，搖一搖，再蓋上奶瓶蓋，大聲的說：「喝！不燙！」

您想想看，在這幾秒鐘裡，牛奶的溫度會有差別嗎？當然沒有太大的差別。

相信孩子所經驗到的

如果小孩在嚴厲的斥責聲下，忍住燙喝下去，你想孩子會怎麼解釋這一切：「我舌頭所感受到的溫度——是燙的，但是大人說不燙。表示我身體所經驗到的是不對的，大人說的才是對的。」

相信小孩的感覺

相信小孩的感覺，大人試著尊重他的意見，花幾分鐘的時間，讓牛奶涼了，再把牛奶滴在手腕內側，測試是否過燙。

真相之戰

由於幼童對現實尚未完全了解得十分清楚，偶而的確會有不確實的表達方式，但是當進入兒童末期後，有些孩子明知不對，還故意「說謊」。做父母的也許曾經得意自己的聰明機智，能馬上猜穿自己小孩的謊言；也許也曾懊惱，自己怎麼被

蒙在鼓裡，因自己是最後一個知道真相的人而感覺憤怒。

不被允許說真實的感覺

自從雲華的小弟弟出生後，父母和祖父母的注意力都在弟弟身上，雲華也常被教導要讓小弟弟，當她告訴她媽媽，她恨她的小弟弟，媽媽可能打她一巴掌。但是，如果她說她愛小弟弟，媽媽可能會給予她一個擁抱，一個親親。

思考一下：小孩從此經驗得到什麼結論？

雲華的結論可能是：「真實的話會傷人，不誠實會得到獎賞，媽媽喜歡小謊言。」

當我們在教小孩誠實的表達自己的想法和感受時，同時要準備接受痛苦的實話和歡愉的實話。在教導孩子誠實的成長，不但要鼓勵小孩不要瞞騙自己的情緒，也要能接受從小孩眼光看出去的真實面，所以不管是正向、負向或是兩難模糊不清的感覺，父母也要能包容孩子的感受。小孩會從父母對他們表達情感的方式之回應，學到誠實是否為最上策。

為了逃避懲罰而說謊

小翔把新玩具弄壞了，害怕的把玩具藏起來。

父親找到被破壞的玩具，很生氣的問他：「你的新玩具呢？」

小翔說：「在某個地方吧！」

父親說：「我沒看到你在玩它。」

小翔說：「我不知道在哪裡。」

父親說：「去把它找出來。」

小翔說：「有人把它偷走了！」

父親說：「笨蛋，你弄壞了，還騙人，我最討厭說謊的孩子。」

接著，可能打他一巴掌，或給予體罰。

最常見的是當孩子違反父母或老師，沒有遵守規矩，並且知道若被發現，必定會受到懲罰時，就以謊言、不承認、誣賴他人，甚至顧左右而言他，經過幾次使用，有時還真能逃避懲罰，以後就繼續說謊。

如果換成下面的方式對談可以避免一場不必要的戰爭。

「我看見你的新玩具壞掉了！」

「玩不久。」

「很可惜，花了很多錢才買來的。」

孩子可能會學到一個有價值的功課:「父親了解,我可以告訴他我的困難,下次我一定要特別小心保管他送給我的禮物。」

例如:小美向圖書館借的書過期了。

父母問:「你書還了沒?你確定還了嗎?那為什麼還在你桌上呢!」

較好的說法是:「我看到你向圖書館借來的書,已經到期了。」

當父母直接說出您所知道的事實,孩子沒有空間去捏造情結來搪塞;反而,必須勇敢誠實的面對結果。

為了得到他人的關注

幼稚園大班的妞妞羨慕同學帶新玩具到學校玩,有時就誇張的跟同學說:「這次我爸爸去大陸時,買了好多好多漂亮的洋娃娃給我!」有些孩子在家中,父母太過忙碌而忽略他,藉由這種補償性的謊言來彌補內心的需要,並獲得同學的好感。當父母發現孩子說謊的行為,深怕他們成為問題青少年,所以開始和孩子對話、引導、說理或處罰,這些都使孩子覺得受到父母較多的關心與注意(即使處罰也不例外)。此外,在學校團體中,有時說謊的學生無形中成為大家關注的焦點;這些關注的獲得,間接增強了孩子表現出較多的說謊行為。

案例 ④

為延緩懲罰的時機

　　小順考試考不好，媽媽問小順考卷呢？小順說：「還沒發下來，老師還在改考卷。」此種情形最常見到的是，當孩子知道若將考不好的成績或犯錯的事實告訴父母，則那些立即可得到之豐盛的晚餐、好看的電視節目、歡愉的週末假期……等，均將泡湯，甚或會招致打罵或更多的讀書負擔，因此以謊言——成績還未發；或模仿父母的字跡，自己在成績單上簽名；學校中沒有重要事發生……等等，輕鬆帶過，直到休息玩樂過了，不得不時，再承受後果。

做為與權威者抗衡的工具

　　小學五年級的威光理直氣壯的對父母說：「這是我們老師說的。」來反抗父母的要求。孩子以說謊來表示對現實生活中權威者的抗議或不滿，例如：在家中父母嚴格要求孩子做一些事情配合父母的需要、滿足父母的期望，或強制逼迫孩子立即停止手中正在進行有興趣的事，如電影、電視、電腦、小說……，孩子常是敷衍了事，要不就是勉強應答，不予配合，或給予一些藉口當理由。這種情形也常發生在學校，學生對於不合理要求的老師會做出一些不良的行為（如上課傳紙條、打瞌睡、看課外讀物、考試作弊、故意挑釁老師的規矩、欺負班上某些同學……等），來維護自己的尊嚴、增加樂趣與利益；但是一旦被逮到時，應對的內容則是騙人的藉口，並得意其順利過關。

父母如何有效的預防及導引孩子的說謊行為

1. **建立良好的親子關係**：父母經營與孩子間溫馨、信任與無話不談，像似朋友般的良好關係，希望孩子有不如意的感覺或想法時，隨時願意與父母溝通，共同討論商量彼此都能接納的方式。此種關心、溫暖、開放溝通的互動模式，會減少孩子心中的擔憂與壓力，覺得有事可以跟父母商量，而不必以不真實的謊言來搪塞或回應。

2. **全盤了解小孩的生活**：平時父母應多了解孩子的交友情形、生活情境和生活作息，不給予孩子說謊的機會。這也就是說對於孩子的生活動態、學校規定或要求、來往的社交、參與的活動，父母可經由親師溝通的機會，或與孩子同學父母的互動，全盤掌握，若遇有情況特殊，如學校週考的成績，週六必帶回，但本週卻未發；春假前回家作業的內容或量增加，而今年卻未如往年……，可及時與教師或其他同學父母聯繫，了解實情，如此可大大減少孩子想用「說謊」逃避責任的機會。

3. **深入了解孩子的心靈世界**：若發現孩子不誠實回應時，留意自己的感覺，適度控制憤怒的情緒是相當有必要的，不要立即給予懲罰，應先了解說謊背後的原因——擔心表現不好而逃避處罰，或是想獲得注意力……等等。

陪伴孩子的成長祕訣

4.**鼓勵父母多聆聽和溝通**：父母在自己跟孩子的心情都平靜後，聆聽孩子和了解說謊背後的原因。一般父母都習慣開口閉口都是「你怎樣……」「你為什麼……」，傳達著對孩子行為的敵意批判與指責的訊息，這樣會引起孩子防衛的心理，反而以更多的謊言，來辯解自己的作為；結果，父母更生氣，彼此之間的互動關係也就更加惡化。如果父母開始學習新的方法與孩子溝通，將會縮短親子之間的距離。例如：當我看到你去網咖，我感到十分難過、不安，因為我害怕……。

這樣的說話方式，會使孩子開始反省自己的不適當作為，對父母所帶來的傷害，而感覺到愧疚。父母可引導出對其不良行為的原諒方式，並共同謀求解決的方法。

走出地震的陰影

孩子驚嚇恐慌無助的對媽媽說：「媽！地震又搖了！我好怕！」在 921 之前，我們對地震的感覺是沒什麼特別的，有時還懷著好玩的心情看待它──你正躺在床上時，好像搖搖床，希望再搖一下。但是現在不同，921 後的有感餘震都令人覺得

恐慌，害怕不幸的災變會發生在自己身上。在二○○六年十二月底，恆春發生百年來的大地震，引發了民眾對地震的恐慌。孩子可能出現許多不良的反應，如：對黑夜、分離或獨處會有過度的害怕；特別黏父母，對陌生人害怕；常常出現擔心和焦慮的情緒；做惡夢；年紀小的兒童會出現退化行為（如尿床或咬手指）；攻擊或害羞的行為增加；頭痛或其他身體症狀的抱怨——抵抗力變弱、生病；改變飲食或生活作息習慣；甚至不想上學。

 地震後，小孩常咬指甲，要怎麼辦？

咬指甲的行為是焦慮的症狀，有時在壓力下或是焦慮害怕的情境中，會有退化行為出現。例如：尿床、咬指甲、吸吮大拇指、耍賴次數增加等等。這是正常的過程，對孩子多表達包容，接納他起伏的情緒，肯定他是個好孩子。

 盡量給兒童安全的感覺——維持正常的作息

　　維持正常的作息——規律的作息時間建立安全感，知道什麼時間做什麼事，孩子有掌控權，心裡知道接下來要做的事，心裡有個準備，有個預期。

　　身體接觸——譬如牽牽手、拍拍肩膀或拍拍頭、擁抱，給他們安全的感覺，讓他們覺得不孤單。緊緊的擁抱勝過語言的支持安慰與承諾。

 當孩子突然想起地震發生的情形而感到恐慌時,該怎麼辦?

當孩子突然想起地震的經驗而開始恐慌,我們可以抱著他輕搖,或是讓他抱著他熟悉的柔軟物品,告訴他「父母正在陪伴著他,他很安全的」。可以跟小孩一起做深呼吸、踱腳,或是其他放鬆的方式。

 孩子在地震後變得非常膽小,該怎麼讓他勇敢一點?

孩子害怕是正常的。對孩子說:「沒有什麼好怕的」,或是「勇敢一點!」小孩還是會害怕。比較好的方法是接納孩子的心情,告訴孩子:「我知道你現在很怕,我們一起想想看,做什麼讓你比較舒服些?」這樣可以讓孩子感受到父母的陪伴與接納。小孩比較能單純的面對恐懼和害怕,不會覺得有害怕的感覺,因此也不用掩飾他的害怕或用其他不適當的方式呈現問題。

 孩子在地震後半夜常作惡夢,該怎麼幫助他?

在地震後,有些孩子會作惡夢,有的會不敢一個人睡,有的孩子會在床上時,突然想起地震。地震發生後的一個星期或數個月間,作惡夢是正常現象。如果孩子要求與父母同睡,可以先陪孩子睡一陣子,等孩子睡著再離開或是允許小孩與父母

一起睡一陣子。睡覺前，喝一杯溫牛奶，說個床邊故事，或放故事錄音帶、輕音樂，輕拍孩子的背，開著小燈，都可以幫助孩子入睡。如果孩子半夜驚醒，可陪伴他再度入眠。不用擔心這樣做會寵壞孩子，此時孩子需要更多的關注和安撫。地震發生六到八週後，若孩子仍持續因作惡夢而驚醒，則需要求助於專業人員。

面對孩子的恐懼與無助的情緒，父母親要如何協助孩子走出地震的陰影？

第一，傾聽孩子的情緒；第二，了解創傷的來源；第三，分析證據——找出孩子不能行動的原因；第四，轉換恐懼成積極與自力救濟的力量。

● 第一，傾聽孩子的情緒——害怕、驚嚇、傷心、難過、委屈、無助、憤怒……等感受

　　和孩子談談他對地震後的感覺，積極的傾聽，深度的同理心，接受他有任何的情緒，不管是合理或是不合理的；也分享你對地震的感受。

　　接納孩子對失去的玩具、布偶或其他東西，甚至對房子的哀悼，陪伴孩子面對失落與死亡。鼓勵孩子表達他們的害怕、

痛苦和哀傷。

通常父母積極的傾聽，就已經很有治療性，並且能幫助孩子成長。

●如何積極的傾聽？

用您的眼睛看小孩表情的變化，身體的反應。

他的眼珠轉了一圈──他的腦袋瓜裡發生了什麼？

眼神的迴避──有什麼是小孩不想說的？

用您的耳朵敏銳的聽，聽他的語氣，

聲音的音量高低反應情緒和孩子的狀況。

用你的心聽──聽孩子內心的心情。

請不要很快的否定孩子的感覺。例如：我們很容易對孩子說：「不要怕，沒什麼好怕的，勇敢一點。」特別是男孩子，更是不能感受害怕。「羞羞臉！男生還那麼膽小。」孩子全身感受到恐懼，大人的否定會對他造成很大的困惑，慢慢的長大後，孩子學會不相信自己的感覺，而去遵從大人的指示與決定。讓孩子在你的肯定與接納包容中，肯定自己、相信自己。試著對你的孩子說：「是的，在那樣的狀況下，是會怕怕的，不過我會先找到你，牽著你的手，保護你。」

●如何面對及處理孩子的情緒

＊當孩子在哭時

　　請千萬不要叫他不要哭，而是抱著他，讓他在你的懷抱裡盡情的哭，哭出所有的驚嚇、委屈、傷心、難過、無助的感受。告訴他：「你可以哭。你是受苦了！你內心裡有好多的話想對親愛的媽媽、爸爸、姊姊、妹妹、哥哥、弟弟、叔叔、伯伯、某某同學……等說」。再緊緊的抱他，疼惜他，告訴他你也有相同的傷心、難過和思念。重複的向孩子說出你和他現在都很安全，也都會在一起，讓孩子放心。

＊孩子表達憤怒時

　　允許小孩生氣，肯定且接受他的情緒，引導憤怒的情緒發洩在適當的物體上，例如：墊子、枕頭或是布偶上。可以鼓勵小孩拿著枕頭打牆壁，或是打墊子、踢墊子、踹墊子。陪著他經歷他難以接受的憤怒情緒。有時，可以說：「是的，氣的想要用力的踩他，把他踩扁！」「打他一拳，還不夠，真是生氣，多打他幾拳。」有時，到後來孩子會邊打邊哭，這是正常的過程，他正在經歷絕望的時刻，接著而來的會是接受現實的狀況，進而改變的動力就會慢慢出來了。另一個方法是設法讓孩子把感受畫出來，用不同的顏色、線條、形狀來表達內心的世界，這也是一種釋放恐懼的好方法。

＊如果孩子沒有感覺

　　也請你尊重他，他還沒準備好去面對感受，仍然在保護自我的狀態裡。請提供機會或是訊息，當他想談或想說時，可以來找你。

地震了

在遊戲室裡，六歲的小女孩小心翼翼的搭好了她的城堡，一轉身，衣角弄倒了一小部分的城牆，她驚嚇的眼神看著我說：「地震！」這就是一個很好的時機，探索地震對這小女孩的影響，並帶領陪伴她走過這過程。例如：「城牆倒了，有人被壓到受傷嗎？城堡裡的小白兔怎麼了？……」

 引導孩子說出內心的害怕，讓孩子充分表達內心的恐懼

例如：地震那天發生很多事情，你還記得嗎？

地震那夜你看（聽）到了什麼？

當時你心裡在想什麼？最害怕什麼？

回想一下，那天我們是怎麼平安的跑出來的？

我們還可以做什麼來保護我們自己？

● 第二，了解創傷的來源

有些孩子在災區直接受到傷害，親眼目睹家人的死亡。

有些孩子是被大人的恐懼害怕聲所驚嚇。地震當晚，媽媽被震醒後，看不到小孩，尖叫呼喊孩子的名字──孩子睡在房子另一端的房間，小孩被媽媽恐慌害怕的尖叫聲嚇醒。

有些小孩被叫醒後，在室外與其他的人度過整個晚上，睡眠被剝奪，對孩子來說，會減弱對抗困境的能力和維持內在平衡的力量。

921 之後看到電視現場轉播及報紙圖片的報導，孩子的想像力非常豐富，看到這麼多恐怖嚇人的畫面，製造出心中更多的恐懼傷害。

● 第三，分析證據──找出孩子不能行動的原因

引導孩子說出內心的害怕過程中，大人可以了解孩子的恐懼背後有那些不合理的想法。例如：「是我不乖，所以找不到媽媽；是我打弟弟，所以弟弟死掉了。」

● 第四，轉換恐懼成積極與自力救濟的力量

幽默的自我嘲笑，自我調侃一番有助於化解害怕，在孩子面前幽默的解嘲當時自己的害怕與恐懼。

與孩子暢談防災的觀念，讓孩子擁有充分的防災知識，可增加安全感。例如：與孩子一同檢查家中的房屋狀況，並找到

一個安全的地方可保護自己。學校也是,孩子在學校的時間很長,也需要知道哪裡是安全的地方,以及該如何保護自己。

　　一起與孩子準備一個輕便簡單的防災袋,讓自己在受到驚嚇後再度產生自救的力量──允許帶一、兩個小孩覺得重要的東西或玩具。

　　年紀比較大的孩子要鼓勵他們參與重建家園的工作,讓他們有共同為重建家園而努力的感覺,這是很寶貴的經驗──透過身體實際的付出與貢獻,體驗一家人的感覺。地震防災的演習,父母及老師要先穩住自己的陣腳,孩子的許多恐懼是從大人臉上或是言談舉止中學來的。教導正確保護自己的方法,孩子可以從自己保護自己的過程中,肯定自己並建立自信。

肆、分離篇
分離是邁向獨立的開始

 **生命之始**
——與母親第一次分離

　　從母體的子宮內，經由陣痛、緊縮的被壓擠出來；當臍帶被剪斷，放聲大哭時，嬰兒經歷第一次與母親的分離，但也正開始他的生命之旅。

　　對嬰兒而言，他是否感受到痛呢？沒有人能回答。但是，試著以他的角度來感受這第一次的分離過程，從溫暖的羊水中，被擠壓進入乾燥有壓力的空氣裡，小小的軀體受到巨大的變化，這第一次的分離是在嬰兒的宏亮哭聲中劃下句點。

　　對母親而言，在第一次與親生子女分離時，身體經歷了人類所能承受的最大劇痛；子女出生之後，接著就是心理的分離。

　　分離孕育了成長的契機，分離的痛亦激發了生命成長的動力。

分離的意義
——獨立靠自己

　　當臍帶被剪斷，代表的是什麼意義呢？原本是毫不費力的依靠著臍帶傳送所需的營養；而今若要維持自己的生存，嘴巴就必須用力吸吮，才有奶水喝，一切要由完全被動的接受，到要靠自己出力才能生存，這是何等的不同？

 再次與母親分離——斷奶

　　餵母奶的媽媽們就能體會嬰兒對斷奶的抗拒。很多餵母奶的媽媽跟我分享——剛要由母奶改為牛奶時，嬰兒一開始都不喝，試了好幾天，嬰兒才慢慢接受。這使我想起八年前，在英國劍橋養育大女兒的情形。我的女兒在 Rosi Maternity Hospital 出生，打從母親的子宮出來，經由醫生和護士將身體上的液體吸乾淨後，護士就把嬰兒交給我抱，小寶貝就躺在我旁邊，也就在醫護人員從產房送我到病房的途中，小寶貝就吸了第一口母奶——從此開始了與母親的依附關係。

　　小寶貝一天一天長大，六個月大的她，長得健康又胖胖的，我們叫她小胖妞。小寶貝門牙開始長出來了，媽媽準備開始讓她喝牛奶，剛開始，小寶貝會把奶嘴頂出來，不喝牛奶。直到我們母女有了這段談話後，寶貝女兒才開始喝牛奶。

以下是我們母女一段特別的對談：

母：甜心寶貝，媽媽知道妳喜歡喝媽媽的母奶，當妳的臉頰靠近媽媽軟軟又溫暖的乳房時，是一份說不出的安全感與舒服感，媽媽也是。每當妳哇哇哭著說肚子餓，媽媽就把漲漲的乳房掏出來餵妳喝，那是一份說不出的成就感與滿足感，是妳爸爸永遠無法體會的。有被妳需要的感覺又能輕鬆滿足妳的需要，這是何等美好的事！帶給我很多滿足、快樂、喜悅。但是，現在是妳要開始喝牛奶的時候了！

寶貝：依依啊啊（還是不喝）。

母：妳長大了，也開始長牙齒了，媽媽為了讓妳有奶喝，天天努力的吃混合的豆子湯，已經吃怕了，有時還會想吐呢！妳乖乖開始喝牛奶吧！

寶貝：（身體動一動）伊嗚伊嗚的（仍是不喝）。

母：（寶貝肚子餓，開始哭起來，我心裡捨不得她哭，把她抱得更緊一些）我知道妳不想離開媽媽，媽媽保證不會因為喝牛奶而離開妳，或是減少跟妳的親密時間，媽媽一樣餵妳、陪妳、抱妳。我也捨不得與妳分開，跟妳緊緊的聯繫著，被妳依靠著的感覺真好；但是我們每一個人終究是要長大的。寶貝，再也不能那樣的享有餵妳母奶的感覺，我也好難過，不能永遠的把妳留住，停留在小鳥依人的感覺裡，我也好

捨不得，難過妳要長大離開，媽媽跟妳一樣也是捨不得，很難過。媽媽也心痛妳的不願與難過（再緊緊溫柔的摟一摟我的心肝寶貝）。

（奇妙的事發生了──寶貝竟然開始喝牛奶了！）

在這次的對話中，我學到完整的同理心是：說出她深層的心情之外，也要說出自己深層的心情，包含正面與反面的，這才是完整的同理心。當我們在遊說孩子改變行為或意見時，是需要把彼此的正反想法與正反感受都表達出來，孩子才容易釋懷，接受我們的意見。

好好的分離
──健康的說再見

「生離死別」一直是我們生命中重要的主題，從一出生就開始面對了；但是中國人不習慣談這個主題，因為自己也不知如何面對，也更不知如何教育下一代來面對生離死別。

回想一下，在自己成長的過程裡，有沒有人教過你說「Good-bye」、「拜拜」、「再見」呢？通常我們傳統的父母跟小孩都是怎麼說「再見」的呢？趁小孩玩得很起勁的時候，大人一轉眼就不見了！這是大部分父母找不到其他好方法時，習慣用的方式。但是這也是一個非常不適當的方式去面對分

離──說「再見」。

　　當我們和孩子分開的時候要留意：分離的方式，帶給小孩的影響是什麼？分離是失去了父母？分離是父母不見了？分離是被遺棄了嗎？分離是可怕、恐怖的嗎？還是，分離是OK的？

●●● 媽媽不見了！

　　一位年輕貌美的媽媽，打扮得漂漂亮亮的要出門，兩、三歲的孩子高興看見媽媽，要她陪著玩。這位年輕的媽媽皺著眉頭看一下奶奶，接著笑笑的對小孩說：「奶奶帶你去拿糖果吃。」奶奶說：「小如！奶奶的乖孫子，來！我帶你去拿你最愛吃的糖果。」當小孩興高采烈的隨著奶奶去拿糖果時，這年輕的媽媽快速又輕巧的溜出門了。小孩拿到糖果，一邊跑一邊叫著說：「媽媽，奶奶給我好多的棒棒糖！」眼睛慌張快速的在房子裡搜索媽媽的影子，但是都找不到，就放聲大哭起來了！

　　孩子經驗到什麼？「媽媽不見了！」對於一個三、五歲的小孩子而言，父母親不見是件很可怕的事，若是小孩知道你等一下要來找他，他會比較安心。以下是一個真實的個案，父母帶他來遊戲室找我晤談的經過片段：

案例 2

●●● 遊戲室裡的春天！

　　一對年輕夫婦帶著獨生子──約五、六歲，幼稚園中班，到家扶中心的彩虹屋接受兒童遊戲治療。這是一個下過雨後的下午，小小的他穿著一整套的「數碼寶貝」運動衫，是一個臉蛋圓圓、白白淨淨的，長得討人喜歡的可愛小男生。他牽著媽媽的手，爸爸跟在後面，我蹲下來，用驚喜的語氣對他說：「啊！你穿數碼寶貝的衣服！」小男孩點點頭笑笑的說：「阿姨好！」我回應：「小偉，你好！」「今天你跟阿姨在這遊戲室裡玩，爸爸媽媽們在外面門口等你。」小偉拉著媽媽，頭探進遊戲室裡看，這時媽媽焦急的對我說：「小偉不敢，會害怕！」由於我事先已知道他的狀況，就不勉強。我對小偉說：「爸爸媽媽先進來陪你一下，等一下，他們會先出去辦事，過一會兒，再來接你！」小偉滿意的點點頭，走進遊戲室。過了三至五分鐘後，小偉進入狀況，開始主動玩玩具，此時我看到父母捏手捏腳的，輕輕悄悄的想偷溜出去，於是我放聲問小偉：「爸爸媽媽可不可以先出去一下呀？」「爸爸媽媽先去辦事情，他們等一下再回來接你回家。」小偉點點頭說：「可以！」父母親很訝異，孩子竟然說「可以」，於是爸爸媽媽就名正言順的離開，而不是偷偷的溜走！

● 可以分離，因為會再見

我的用意是讓父母知道，離開是可以講的，孩子是有能力說 OK 的。孩子有信心，當爸爸媽媽不在的時候，仍可以和阿姨在這裡，並且很安全的，因為小孩相信爸爸媽媽等一下會在門口等他。小孩經驗到自己有能力，不需要時時刻刻都依賴父母……。對孩子來說，這是一個很了不起的經驗，不需要時時刻刻都依靠爸爸媽媽的保護，而且，分離是 OK 的，爸爸媽媽並不會不見。

在分離事件前，提前告訴小孩

例如：小偉的媽媽可以在帶小孩來遊戲室前，就告訴他：「媽媽帶你去遊戲室找一位阿姨玩，那裡面有很多的玩具，媽媽會在外面等你玩好了，再一起回家。」

例如：年輕貌美的媽媽要打扮出去辦事之前，告訴小孩：「等一下，媽媽有事要出去，你與奶奶在家裡玩，等媽媽換好衣服，會跟你說再見，你與奶奶在家裡等我回來哦！」

若是孩子吵著要跟你去，父母可以同理他的心情，仍堅持與溫和的表示，你會離開一下，等一會兒就又再看到他：「我知道你很想跟媽媽去，不過現在你要留在家裡跟奶奶一起，我會回來跟你一起吃晚飯。」

魔法家庭
陪伴孩子的成長祕訣

案例 ❸

●●● 分離很可怕！

　　早上八點左右，幼稚園門口停著各式各樣的轎車與摩托車，有的父親牽著小孩的手，走進幼稚園門口，揮揮手道再見；有的阿公正抱著孫子下腳踏車；有的媽媽與其他的媽媽寒喧；有的媽媽正在與老師說話；有一位穿著套裝的媽媽，正蹲著與她的兒子翰翰說話：「我一定來接你，媽媽四點半時來接你哦！」

　　四點半到了，坐娃娃車的小朋友走了，別的媽媽也來接走小朋友了！……五點多了，翰翰肚子也開始咕嚕咕嚕的叫，但是還看不到媽媽。翰翰開始擔心、害怕，最後，連陪他一起等的小朋友也被他的阿公接走了！害怕的心情隨著天色愈變愈黑而愈來愈加重。翰翰心裡想著：「怎麼辦呢？只剩我一個，已經六點多了，媽媽不要我了嗎？」約在六點半時，老師叫翰翰離開遊樂區，進教室來等媽媽，……媽媽終於出現了！

● 承諾你能做到，孩子對你才有信心

　　在這個過程裡，孩子已經體會到分離是可怕的，父母不見了！下次你再送他來學校，小孩子的不安就會更多了！

記得，準時去接他！

　　在孩子進入新環境的早期，特別記得——準時去接他。說一個你做得到的時間，準時或提前五分鐘去等他，讓他安心，讓孩子盡情在幼稚園內玩耍，不用擔心沒人接他回家。輕鬆安心的心情，也有助於孩子認識結交新朋友。若是真的塞車，臨時有事，趕不過來，先打個電話，請老師告訴小朋友今天會晚一點來接。等到兩、三星期或一個月後，孩子已經交到幾個好朋友，對環境也熟悉多了。當你來接時，開始向你反應「再玩一下好不好？」或是「你怎麼這麼早來接我！」這時，你就知道，小孩的適應良好，也交到朋友了，在幼稚園內玩耍得很開心，你可以晚點來接他！不用再像早期時準時的接他，可以有一個彈性時間，例如：「四點四十五分到五點之間」，讓小孩心裡有個準備。

 肯定的眼神與信任的心說再見

　　當你和孩子說再見時，孩子回頭看你，若你的眼神是很捨不得的、表情是擔心的樣子，腦中又掛念著小孩會不會跟老師說他要尿尿呀！你滿懷的擔憂和捨不得，孩子會看在眼裡，孩子都感受得到媽媽爸爸的心情，所以我們的眼神是要讓孩子相信他是可以的，可以自己到教室去。若他需要上廁所的時候，他會到洗手間或者他會找老師幫忙；若他要喝水的時候，也會找老師要；你要有信心的看著他。你覺得孩子是 OK 的，孩子才會認為自己是 OK 的，要讓他有信心。在這個階段，孩子需要玩伴，很多的玩伴與遊戲會帶給他刺激和愉快的感覺，愛他，就讓他安心的離開你去探索自我。

●●● 打包行李的心情就像是在交代遺囑

　　小蓉步伐沉重的踏進我的晤談室，習慣性的坐在靠窗的椅子上，今天她穿著的家居休閒服比往常更隨意，兩眼疲憊，看來是昨晚又失眠了。

　　小蓉私立大學剛畢業，她的父母經營一家小工廠，常常看到母親不是辛苦、勞累又賣命的工作趕貨，不然就是傷透腦筋又焦慮不安的在趕三點半的銀行支票。於是在一年前的談話中，就醞釀了要遠離令父母痛苦的生意，而去追尋自己的理想。

　　一個半月前，小蓉申請到美國的學校，目前正要準備出國深造。她提到在打包行李的過程，感覺像是在交代後事，她把所有個人的東西一箱一箱的打包封箱，甚至將她二十歲生日時，家人一起合送的禮物──音響，交代給小妹用；原本與妹妹同住的閨房裡，再也看不到她個人的用品了。

　　我問小蓉：「記得你小時候與父母分離的經驗嗎？」小蓉兩眼茫然哀傷的在她古老的記憶庫裡努力的尋找離別的經驗，一會兒開口說：「不曾有記憶跟媽媽說再見，只記得睡醒來，媽媽不見了！」流著淚說：「找不到她，也等不到她回來，常常自己一個人在阿嬤四合院的門口等著媽媽出現，但是總等不到，直到天黑了，阿嬤叫我進屋裡吃晚飯。」「後來，才知道媽媽回台北去工作了，不知道什麼時候會回來，我被留在鄉下的阿嬤家住。」

● **兒時的創傷，難以平復**

　　由於小蓉的媽媽並不知道要如何與女兒說再見，於是，就用她的父母的方式──趁小孩睡著了，就溜了，不告而別；結果，小蓉醒來，哭著找不到媽媽。在小蓉的孩童成長過程中，留下了傷痛的經驗，影響她直到現在。每當與朋友或親人說再

見，總會令小蓉感受到特別的失落，有時甚至會覺得如心割的痛。兒時的創傷難以平復。因此，做父母的，都要學習好好說再見。

好好說再見

明明白白的告訴孩子：你即將要離去。同理他的心情，肯定相信他的能力，以堅定溫和的語氣說：「再見，我會在××時間回來」。

伍、愛與管教篇
建立良好行為的原則

　　父母都曾有聽到別人說：「你對孩子太兇，他得到的愛不夠……」或是「小心！你這樣會寵壞孩子……」的經驗。

　　過份的權威，會使孩子內心充滿恐懼與害怕，而失去養成自主自尊的機會；倘若寵愛集於一身，卻缺乏適當的原則管教，又會造成孩子行為規範不良，自制力低落。愛與管教像是一個天秤，維持這兩者之間的平衡，這是一門學問，也是一門藝術，需要智慧與經驗的累積。

　　在孩童很拗的階段中，特別是兩歲的孩童──（美國人稱兩歲孩童為"terrible two"）開始強烈的表示自我意願，常常要自己來。有的父母容易被堅持性強的孩童激怒，容易生氣而用嚴厲的語氣，嚇止孩童的行為，或使用身體的處罰，要求孩子順從大人。孩子的心靈產生恐懼與害怕，漸漸的委協而放棄自主的意願。但是一昧的順著孩子的性情就是好的嗎？不！寵愛他，就等於毀滅他。適度的約束是有必要，配合正確方向的引導，孩子才能在自由與約束之間找到平衡。

打最有效？

　　在很多人的觀念裡，仍然認為「打最有效」。在最短的時間內，並且有效的阻止小孩做父母不喜歡的行為，的確，「打」是最快的方式；但是，值得思考的是：打下去，有沒有後遺症？有沒有不良的影響？

案例 ❶

●●● 狠狠的打到孩子覺得痛，小孩就學乖了

　　在一次的親職教育團體中，阿春——一位單親的中年媽媽分享著她的經驗。她有兩個孩子——十三歲的女孩和七歲的男孩。阿春說：「半年前，剛離開先生帶小孩到新竹工作時，有一天，小男孩實在是頑皮的太不聽話，我就狠狠的打了他，打到他覺得痛，腳都腫起來，哭著叫不敢，我才停下來。」接著我問阿春：「打完後，妳的心情如何？」阿春忿忿不平的說：「我當然覺得很難過。但是，小孩以後都很聽話了。」

　　有些父母堅持自己的信念──「打最有效」，不理會內心深處真實的感覺，而緊抓著不合理的想法，來支持所做的行為。這樣不僅破壞了親子關係，也忽略了對小孩將來長大後的人格發展。在強勢駕馭型的父母嚴厲管教之下，孩童容易膽怯，不敢冒險，容易順從遷就他人；或者反而比較叛逆，不服氣，挑戰權威，盡做些反社會的偏差行為。

　　也有一些容易發脾氣的父母，管教小孩是看大人的情緒，今天心情好，小孩要求什麼都可以；今天心情惡劣，「竹筍炒肉絲」絕對少不了。小孩慢慢長大學會看眼色，觀察大人的心情，來決定自己的行為。

●●● 後悔打了她！

在親職團體裡，另一位媽媽，因為年紀比較大，大家稱她劉姐。她分享：剛結婚時，由於婆婆看不起她「先上車，後補票」，於是常常挑剔她，也常常向先生告狀，說她的不是。於是，夫妻的關係就愈來愈不好，有時先生喝醉了，晚上回來打她出氣。一年前，先生有了外遇，回家的時間減少了，婆婆更是不滿意她；就在三個月前，辦完離婚手續，正式分開。

團體中，每當有人說到傷心事時，她跟著掉眼淚；有人說到憤怒的事時，她也跟著忿忿不平的在生氣。在第五次團體聚會時，劉姐說道：「我很受不了我們家的老大，她會很兇的罵弟弟，有時還會體罰弟弟跟妹妹。」「昨天晚上，我責罵她一頓，結果，她竟然回嘴頂撞我，我就打她一頓。」劉姐由憤怒的聲調轉回悔恨的語氣說：「其實我知道，她很努力的幫我管好小的。但是，我實在受不了，她罵弟弟妹妹時的語氣，像極了婆婆的嘴臉。」「我只要一想到他們家，我就生氣！忍不住就打下去。」「看到老大躲在棉被裡傷心哭泣的睡著後，我又很後悔打她。昨晚我發誓，今天一早，我要對她好一點。但是，一早起來，她又跟弟弟妹妹們在吵，我一生氣就又對她兇巴巴的。」

　　大部分的父母來個別晤談，或是參加親職團體都是來學習管教小孩的技巧，試圖改變小孩的行為與態度。劉姐也不例外，剛開始，劉姐一直認為是老大的行為模式有問題，經過四個多月的個別晤談，她體驗到很多時候親職關係的惡劣是受自己的情緒影響。

　　劉姐十幾年來受到婆婆不斷的苛求與挑剔，再加上婆婆常常在先生面前哭訴媳婦對她的不孝之處，劉姐感到非常的委屈與無助；對婆婆的憤怒與不平，沒有建設性的疏導，也就一直壓抑下來。現在，離開了婆家，但是怨氣仍在，有時會冒出來影響到教育孩子的態度，因此破壞了親子的關係。

順著孩子的意願？

　　也有一些父母，一開始就一面倒的順著孩童的意願，事事百依百順，使得孩童的態度無法無天。當父母的管教是沒有範圍、沒有原則、沒有限制時，孩童的外在行為是他擁有自主權，愛做什麼就做什麼，但是內心的感受是無所適從，沒有安全感。特別是三歲左右的小孩，沒有行為規範時，小孩無所依循，內心產生焦慮，情緒由害怕轉為暴怒。獲得父母的肯定與讚賞是小孩成長的重要動力，適當愛的管教是非常重要。

躺在地板上哭鬧，就有玩具？

　　燕華坐在團體的角落，平時很少開口分享，這時氣嘟嘟的說：「有一次在逛百貨公司時，我的小兒子看到一輛很炫的電動車，吵著要買，我說不行。他仍堅持要，直拉著我的衣角，哭哭啼啼的說：『我要這輛車。』先生勸他說：『買別輛。』我們家的弟弟哭得更傷心的說：『我就是一定要這輛。』我不耐煩，生氣的表示：『走了！走了！每次都買玩具，家裡已經一推玩具了。』弟弟索性躺在地板上，又哭又踢的吵著要這玩具，引起了很多人的異樣眼光，我們叫他起來回家，他反而哭得更大聲；先生受不了他的哭鬧，就答應給弟弟買玩具。」

　　燕華在一個大家庭長大，媽媽是父親的第二個老婆，她又是最小的女兒，在家裡常常被忽略，在親職團體裡，也常常坐在容易被忽略的角落。當燕華看到小孩哭鬧的更厲害，心裡焦慮而不耐煩；又注意到很多人在看，從別人的眼光中，似乎看到別人在批評做父母的不是，更加深了燕華想快速結束這場拉距戰；再加上先生不忍弟弟那麼傷心，於是弟弟哭鬧最厲害的時候，燕華夫婦妥協讓弟弟買玩具。當弟弟躺在地板上使勁哭鬧時，得到的是他心裡很想要的電動車，這樣的狀態反而增強弟弟以哭鬧的方式來獲得他要的東西。

　　當父母看到孩童被怒罵聲驚嚇後，哭泣又鬧得更厲害時，心中覺得不忍與後悔，因此改變態度，妥協小孩的要求。孩童

對父母的戲劇性變化，感到困惑，上一秒絕對不行，下一秒又可以，孩子在此與父母的互動過程中，學到了什麼？「也許我再堅持一下，父母會改變他們的意思」、「也許我再哭鬧一會兒，就可以要到我要的東西」、「試試運氣，也許今天是我的幸運日，他們會答應我的要求」……。這樣的過程，不在於小孩行為的對與錯，而是端看大人的容忍度，來決定他的需要是否可以被滿足，他的行為是否被接受。

　　身為父母的，事先需要思考一下：什麼狀況下，小孩可以買玩具？多少錢以下的玩具是被許可的？什麼情形是可以有例外的？當然，隨著孩子的年齡不同，限制也會不同。

●●● 穿衣服的爭執

　　彥容：「上個月大學同學會，畢業到現在十五年了，第一次開同學會，說好大家帶先生、太太、小孩一起去，偏偏我們家的老爺要去台大開會，只好我帶著小的去。」「十幾年沒見面，也不知道大家變成什麼模樣了？總是希望給別人好的印象，特別的是，以前的男友也會去，總不能丟人現眼的。」彥容神情轉為憤怒的表情說：「偏偏我們家小的不聽話，意見真多。那個可惡的小子居然堅持穿他喜歡的衣服，那是很不搭配，丟臉死了！」

　　做家長的覺得沒面子，但是又無法讓小孩改變想法依照大人的意見做，父母帶著憤怒以及怕被別人取笑的擔心上路。可能從出門開始，或在途中，甚至在同學會中，就把情緒轉到孩子的身上，有的沒的挑剔幾下，或拿出絕招修理孩子。例如：「你看！你看！對面的小朋友穿得多體面、多好看，他好乖哦！哪像你叫你吃這個，不要，叫你吃那個，你也不要，煩死人了！下次不帶你出來。」這樣痛快的批評、責備、貶低，又加威脅後，情緒是舒發了；但是，您若安靜的察覺一下，你會發覺心裡反多了一份失望與自責的感受。失望什麼呢？多了一份對自己孩子的失望──我的孩子怎麼學不好，不像別人家的孩子聽話又乖巧。自責什麼呢？責怪自己教不好孩子，自己的方法不對或是抱歉或悔恨自己發脾氣。原本可以快快樂樂的出來吃一頓飯，與好友敘敘舊，結果換來的是孩子哭喪委屈的臉，和你自己的怨氣及自卑的心。這是一場兩敗俱傷的親子大戰！

愛的管教：「做選擇：二選一」

挑兩件衣服給孩童做選擇。

在出門去喝喜酒前，父母先挑兩件較為適宜的衣服，同時也是孩童喜歡穿的問：「這兩件衣服你要挑哪一件？」讓他二選一，而不是讓小孩從一堆衣服裡做出選擇。因為，剎那之間孩子不知從何選起；所以父母挑兩件適合的，而且是你希望他穿的衣服，當然也考慮是他可能會喜歡且願意穿的衣服，讓他從兩個裡頭選擇一個，讓他自己慢慢的選，選擇這個顏色、選擇這個款式的衣服。穿好了衣服要配什麼襪子呢？嗯！這個襪子選錯了也沒關係嘛！影響也不會很大。你可以讓他自己選擇，當然也可選出兩雙，由他從這兩雙襪子中做出他的決定。

威脅有效嗎？

有的父母容易被孩童堅持的意志激怒，因此情緒一上來，帶著憤怒的感受，用嚴厲的語氣，嚇止孩童的行為，堅決要小孩順從大人的意思。若是小孩還是不肯投降順從，父母就會使用身體的處罰——打巴掌、手心、大腿、屁股……等等，或言語上的威脅——「你若再吵，就不讓你出去」、「你若再這

樣，就把你關在家裡」、「你若再哭，就把你鎖在門外」……
等等。這樣的方式造成孩子心靈上的恐懼與害怕，因而漸漸的
放棄自我自主的意願。

●●● 公園的戰爭

　　小娟是一位職業婦女，平時沒有時間陪小孩，只有週末時
才有空帶小孩去公園走走。小娟說：「在我們的社區裡，特別
是星期六和星期日的黃昏，會有很多父母帶小孩出來公園運動
和散步。久而久之，大人也就熟起來，會互相打招呼聊天。」
「每次我們家那兩個男生都玩得滿頭大汗，叫他們回家，小孩
都說：『等一下！』過一會兒，我會再叫他們回家，小孩仍然
興高采烈的在玩，壓根兒沒聽到我在叫他們回家。再過一會兒，
我就生氣了！大罵說：『叫你回來，你不聽，下次不帶你來公
園玩！』『死囝仔，皮在癢！回去，好好教訓你一頓！』接著
小孩哭喪的臉、委屈的表情，有時還用怨懟的眼神看著我，真
是把我給氣死了。」我非常不喜歡這種結果，它破壞了當初我
帶小孩出來運動、玩耍的心情。

愛的管教：運用「還有五分鐘」

　　首先，做父母的要說到做到，做不到的，我們就不說，建立我們的權威與可信度；孩子才不會把我們的話當耳邊風，置之不理。在您準備要回家之前，觀察一下孩子玩的狀態，若是小孩這次玩得非常盡興，還不想回家，那您就彈性的使用「還有五分鐘」。「還有五分鐘」的管教方法是幫助小孩調適自己，達到收心的效果。

　　在小孩有自主的意願時，但還沒有能力看時鐘之前，就開始訓練。當小孩還沒有時間觀念時，您可以彈性的使用「還有五分鐘」。例如：先告知小孩：「還有五分鐘要回家。」玩了幾分鐘後，再告知：「還有四分鐘要回家。」看小孩的狀況，也許仍興高采烈的，那您就等十分鐘後再告訴他：「還有兩分鐘要回家。」以此類推「還有一分鐘。」直到您下最後通牒：「時間到了，我知道你很希望再玩，但是時間到了，該回家了。」在您下最後通牒時，要謹慎觀察小孩，選擇適當的時機是很重要的，這個時機是孩童能力做得到的，也就是成功的好時機。

　　當孩子已學會看時鐘，就要找小孩快要結束玩的時候，告知「還有五分鐘」，製造成功的經驗。

　　當表示時間到了，要回去時，家長就要開始移動您的位置，站起來，朝回家的方向，一副要走的樣子，不要仍坐在那裡與別人聊天，孩子看您還沒聊

完，還沒準備好離開，孩子是不會離開玩具或玩伴的。

當孩子看到您確實要走了，孩子也許哭著說：「再玩一下。」父母的態度很重要，要堅持您所說的，不能因為孩子的眼淚就心軟。否則下次孩子會善用眼淚來取得他的需要。父母可以用同理心告訴孩子：「我了解你很想再玩，我知道你玩得很高興，但回家的時間到了！走吧！」

久而久之，孩子已經了解，當您說「還有五分鐘」時，就要開始收心，準備結束正在進行的事，同時也知道，這是當真，無法妥協的。

案例

●●● 玩具店內的掙扎

「我最害怕帶我小孩去超市或玩具店，每次他都吵著要買這個那個的，有夠煩死人的。」麗美煩惱的說：「每次高高興興的出門，總是氣嘟嘟的回家。」

在出門前或在進玩具店門口前再次提醒規則：「這次一個人可以花五十元。」

愛的管教：「設定規則」（Set limits）

當小孩跑來問你：「我可不可多買一些玩具？」或是「可不可以買六十元？」等等。

父母可做的反應是：

「我了解你想帶更多的玩具回家玩。」

「我猜你巴不得把這個角落的玩具都搬回家，但是我們沒有這樣的預算。」

「你可以選擇買五十元以下的玩具，或是買個氣球。」

也許小孩會哭哭啼啼的說：

「我要這個玩具嘛！」

「我就是喜歡這個玩具，其它地方買不到。」

這時父母的態度很重要，千萬不要在他哭鬧或躺在地上耍賴時，答應他的要求，因為這樣就是鼓勵小孩，用哭或耍賴的方式得到他想要的東西。

反而父母要更加用堅定及溫和的口吻再次的說出規則，並關照小孩的情緒。

「我了解你真的很喜歡這個玩具，很想要買它，但是今天的預算就是每個小孩五十元。」

「你可以選擇買五十元以下的其它玩具，或是買個氣球，或是這次不買，保留到下一次，累積更多的錢時再買。」

當你在設定規則時，態度要堅定，小孩才會知道這樣的限制是真的。如果父母一時不知道怎麼做較好時，最好在採取行動前，先想一想，澄清自己的態度與價值觀。以下提供四個步驟：

第一，父母認出小孩的意願／渴望／需要，用簡單的話表達出來。

第二，明白清楚的指出特定行為的限制。

第三，提供其它可能性的方法，至少部分性的滿足小孩的需要。

第四，若在設定規則的過程中，小孩有產生情緒，父母要幫忙小孩去表達部分的情緒。

對待小孩的兩個基本原則

一是事先約法三章，二是事後毫不妥協。

比較亞洲父母與歐美父母對小孩的教育方式，常發現歐美家長就比亞洲家長來得民主開放些，他們視每一個小孩為一個獨立的個體，因此會重視「尊重」與「溝通」。

當我在英國劍橋時，發現中國餐廳比西式餐廳吵雜聲大，特別是在中國城的中式餐廳最為吵鬧。有時與英國朋友吃館子，就很明顯的看出西方家長對於小孩的社交禮儀及餐桌態度遠比亞洲家長更加嚴格。記得有一次聖誕節，我們受邀到女兒

朋友家作客，朋友的家裡有一對異卵雙胞胎的姊妹，跟我女兒一樣年約三歲。用餐前，友人特別以小碟子盛一小份食物，和藹的告訴小孩：「如果沒有乖乖吃完，那妳就沒有任何餐後甜點了。」

當日晚餐，大人一邊吃晚餐一邊閒聊，其中一個小孩不知何時已不聲不響離開餐桌，留下一碟只扒了幾口的殘食。晚餐後，女主人端出巧克力冰淇淋，小孩一見是自己最愛的甜點，露出機靈的目光，百般央求媽媽分一些，但是這位英國媽媽卻絲毫不為所動，只顧招呼客人。我心中暗想，若是我們老中早就妥協了，不會堅持。

其實，教養小孩並不難，難的是父母親本身，是否可以前後立場堅定，這對身為父母的我們也是一種「意志力」的考驗呢！有太多的父母因為心軟，因為疼惜自己的孩子，所以無法堅守自己說出的話，結果小孩就順竿而上，愈大愈難教育。

讓孩子知道我們的堅持與原則，或許一時之間，我們會覺得不忍，或覺得孩子吵鬧感到不耐；但若不堅持，就很難訓練孩子們「為自己的行為後果負責」及提升「挫折容忍度」。

總　結

在管教與約束孩子的親職教育中，嚴格與寬容的尺度，實在是很難有個明確的界線，也經常受到父母本身的個性及情緒

起伏的影響。如何適度的管教孩子呢？父母需要察覺自己的個性及情緒如何影響管教的方式。立場不堅定的、心裡感覺焦慮和壓抑；做不了決定，而依孩子的決定為決定，孩子也就比較容易為所欲為。然而，父母外表強硬，內心感到挫折又受傷，只顧表達自己、輕視別人，替孩子做決定的，孩子也就比較退縮或是反權威。所以在不斷察覺自己的親職溝通模式時，學習新的態度與方法來管教孩子，用堅定並溫和的語氣將「愛的管教」方式，靈活有彈性的運用在日常親子互動關係中。父母適度的表達，立場堅定明確，孩子受到愛的尊重，並學習自主與做選擇的能力。

陸、親情篇
與子同樂

 與孩子共同創造快樂的童年

　　傾聽孩子的喜、怒、哀、樂，每天只要花五到三十分鐘，陪伴孩子做他喜歡做的事，或與孩子分享您所喜歡的事物。與孩子一起創造快樂的童年時，也滿足了我們小時候未能滿足的好奇、好玩的童年。

　　時間不會倒流，而童年也只有一次，「陪」孩子一起成長，並不是身體的陪伴而已，應該是心靈的享受與成長。試著在陪伴與創造孩子快樂的童年時，也去享受那種樂趣，快樂的父母，孩子才有快樂的童年！

　　以下介紹幾個活動來增添生活樂趣與創意。

魔法家庭
陪伴孩子的成長祕訣

三明治擁抱

小孩站在父母兩人的中間，
父母一起擁抱孩子。

盪鞦韆

小孩站在中間，

兩手拉著父母的手，

數 1、2、3，一起將小孩往前盪。

過山洞

大人的身體當作一座山拱起來，

下面有個山洞，

小孩可以爬過去、爬過來。

有時，突然地震或山崩發生，

將小孩壓在下面。

坐飛機

找個平坦安全的地方，

大人躺平後，將兩腳彎曲，小孩坐躺在小腿處；

隨著「造飛機」的歌詞，自由上下擺動搖晃，

最後，飛機飛到天上去時，

大人可高高的抬起腳，

小孩兩手伸直，像飛機一樣停在半空中，或突然墜機！

含羞草

先帶小孩到草地上觀察含羞草，

輕輕一碰觸含羞草的葉子，含羞草就害羞的垂下來，

過了一會兒，就又展開葉子了！

引導小孩想像自己是一棵含羞草，

手、腳、頭及身體的每個部位都當成含羞草的葉子。

大人試著觸摸一下他的手或身體某個部位，

由小孩自己想像下垂或害羞躲起來的感覺及身體的姿態。

戶外休閒活動

嘗試一些新經驗，比方說搭乘不同的交通工具，

例如：火車、小型巴士、坐船……等。

帶孩子接近大自然，嘗試新的景點，

例如：逛小動物店、水族館、公園、看螢火蟲、

水上樂園、花市、爬山、賞花、海邊等。

說故事

以創意的方式說故事，啟發孩子的興趣與想像力，

配合肢體、聲調、道具……等。

運用寓言故事中的例子，一起談對人性的看法，

並舉例生活中遇到的人、事、物。

和孩子談談未來

孩子善於織夢，與他談談未來，

仔細聆聽，並提出適當的見解讓他思考，

善加利用生活機會教育，立即性的機會教育往往效果更佳。

以生活中的親戚、朋友或自身的經驗做為例子。

多用疑問句取代命令句，疑問句引發思考與提供表達的機會，

命令句是單向溝通，容易引起反抗。

國家圖書館出版品預行編目資料

魔法家庭：陪伴孩子的成長祕訣／蘇倫慧著.
--初版.-- 臺北市：心理, 2007（民 96）
面； 公分.--（親師關懷系列；45022）

ISBN 978-986-191-015-4（平裝）

1.親職教育　2.父母與子女

528.21　　　　　　　　　　　　96004809

親師關懷系列 45022

魔法家庭─陪伴孩子的成長祕訣

作　　者：蘇倫慧
責任編輯：郭佳玲
總 編 輯：林敬堯
發 行 人：洪有義
出 版 者：心理出版社股份有限公司
地　　址：台北市大安區和平東路一段 180 號 7 樓
電　　話：(02) 23671490
傳　　真：(02) 23671457
郵撥帳號：19293172 心理出版社股份有限公司
網　　址：http://www.psy.com.tw
電子信箱：psychoco@ms15.hinet.net
駐美代表：Lisa Wu（Tel: 973 546-5845）
排 版 者：辰皓國際出版製作有限公司
印 刷 者：辰皓國際出版製作有限公司
初版一刷：2007 年 4 月
初版二刷：2010 年 12 月
I S B N：978-986-191-015-4
定　　價：新台幣 200 元